신앙의 실력 쌓기

관계의 신앙

관계의 신앙

신앙의 실력 쌓기

장해진 지음

도서출판 조명문화사

남에게 대접을 받고자 하는 대로

너희도 남을 대접하라

So in everything, do to others what you

would have them do to you

(Matthew 7:12)

- 관계의 황금률 -

들어가는 말

목회를 30년 넘게 하고 깨달은 결과물은 '관계'라는 보물입니다. 목회와 인생이 즐거웠던 시절은 모든 관계가 잘 돌아가는 때였습니다. 반면에 인생이 힘들고 괴로웠던 시절은 관계에 문제가 생길 때였습니다.

목회의 중심을 '옳고' '그름'에만 두고 살았습니다. 만약에 목회의 중점을 '관계'에 두고 살았다면 좀 더 나은 목회와 인생을 살았을 것이라고 생각합니다. 늦게라도 깨달아 감사합니다.

목회자들의 목회자였던 유진 피터슨은『다윗: 현실에 뿌리박은 영성』에서 이렇게 말합니다. "다윗 이야기를 통해 온전하고 충만한 삶에 대해 무엇을 배울 수 있는가? 무엇보다도 온전하고 충만한 삶이란 하나님과 관계를 맺는 삶이라는 것을 배운다. 물론 우리가 관계를 맺어야 할 것은 그 외에도 많다. 위험, 부모, 적, 친구, 자녀, 아내, 교만, 창피, 거절, 형제자매, 병, 죽음, 성(性), 정의, 두려움, 기저귀, 팩스, 아침 식사, 교통 혼잡, 막힌 하수관, 부도난 수표 같은 것도 물론 포함된다. 그러나 이 모든 상황과 사건과 사람들의 전면과 후면에는 하나님이 계시다. 우리는 항상 하나님과 관계가 있다."[1]

---

1) 유진 피터슨, 현실에 뿌리박은 영성(출판: IVP, 1999).

이 말의 핵심은 관계입니다. 우리는 모든 것에 관계하고 삽니다. 이 책에서는 특별히 관계를 신앙으로 보았습니다. 하나님과의 관계, 목회자와의 관계, 성도와의 관계, 세상 사람들과의 관계들은 모두 다 신앙과 관련이 있기 때문입니다.

하나님과의 관계가 잘못되면 신앙의 회의가 찾아옵니다. 목회자와의 관계가 잘못되면 설교가 들어오지 않습니다. 성도와의 관계가 잘못되면 교회에 나가기 싫습니다. 사회 공동체와 관계가 잘못되면 선교의 문이 막힙니다. 이 모든 것이 신앙과 관련이 매우 깊습니다.

구원을 다른 말로 하면 하나님과 원수 된 관계에서 화목된 관계로 바뀌는 것입니다. 하나님과의 관계는 모든 관계를 설명해 줍니다. 하나님이 사랑이시지만 사랑이 하나님은 아니듯이, 관계를 잘해야 구원받는 것은 아닙니다. 그러나 구원받은 자의 표지와 결과물은 관계로 나타납니다.

주변에는 하나님께 충성하고 수많은 일을 열심히 하는 사람이 많습니다. 하지만 정작 하나님과의 관계를 통해 이웃과 동역자, 사회, 공동체에 아무런 선한 영향을 미치지 못하고 있는 것을 봅니다. 오직 자신과 자신의 신앙만을 위해 사는 사람을 많이 볼 수 있습니다. 매우 안타까운 일이라 여겨집니다. 그래서 관계의 중요성을 함께 나누고 관계의 소중함을 함께 공유해야겠다는 마음으로 용기를 내어 책을 쓰게 되었습니다. 하나님은 관계 맺음을 통해 우리들의 신앙의 실력을 키우십니다. 성숙과 성장에 이루게 하십니다.

모든 살아있는 것은 성장합니다. 생명이 있으면 성장은 자연스럽게 있기 마련입니다. 관계는 생명입니다. 잘 자라기도 하고 잘못 자라기도 합니다. 그래서 신앙에도 관계 실력이 필요합니다. 관계는 그 사람의 신앙과 인생을 어떻게 살아왔는지를 설명해 줍니다.

사랑이 관계이듯이 이 책은 관계와 신앙을 같은 것으로 보았습니다. 그래서 성경의 인물들 속에서 저마다의 특징 있는 관계의 중요성들을 찾아보았습니다. 관계와 신앙의 연결고리를 성경의 인물과 삶의 주변에서 찾고자 했습니다. 그리고 목회의 주변 이야기와 믿고 신뢰할 만한 예화나 글들을 그대로 옮겨 놓고 인용했습니다. 말씀 들여다보기를 통해 각자에게 주시는 관계의 은혜를 묵상하고 관계의 진리를 깨닫도록 했습니다.

부족한 것이 많지만 주변 동역자들의 격려를 용기 삼아 '관계의 신앙: 신앙의 실력 쌓기'를 내놓게 되었습니다. 하나님은 관계를 통하여 우리가 형통하도록 일하시기 때문입니다.

이 책이 나오기까지 편집과 모든 수고를 기쁘게 해주신 조명문화사 이은경 권사님과 책을 세밀하게 감수하시고 큰 용기를 부어주신 정유진 전도사님에게 감사드립니다.

이 책을 읽는 모든 분이 하나님과의 관계, 목회자와의 관계, 타자와의 관계, 공동체와의 관계가 회복되었으면 합니다. 또한, 풍요로운 관계 속에서 행복과 형통과 구원을 누리시는 여러분이 되시길 기원합니다.

2024년 7월

장해진

차례

01

아담 – "흙"의 관계 맺음

아담이란 뜻은 '땅', '붉은 흙'입니다

연세대 명예교수인 김형석 교수는 100세가 넘으신 분입니다. 그는 사람들에게 조언합니다. 인생을 살아보니 전성기는 육십 세에서 칠십오 세가 인생의 황금기라고 말합니다.

그렇다면 인생이란 무엇일까요? 막 인생의 전성기에 들어선 저에게 인생이란 '관계'라고 정의하고 싶습니다. 한평생을 살아보니 모든 것이 관계였습니다. 하나님과의 관계였고, 성도와의 관계였고, 나 자신과의 관계였고, 공동체와의 관계였고, 사회와의 관계였고, 모든 것에 대한 관계였습니다.

그러면 관계란 무엇일까요?

시인 림태주는 '반복'이라고 말합니다. 저는 이 말에 전적으로 동의합니다. 그는 이렇게 말합니다.

"우리는 항상 편안하고 자애로울 수는 없다. 좋은 사이란 반복되는 일종의 연습으로 유지된다. 성급한 사람들이 이 반복의 과정을 생략하고 편안하고 자애로울 거라고 생각되는 성격을 찾아 나선다. 아니다. 정확하게는 성격의 차이가 아니라 연습의 양 차이다. 반복은 지겨움과 편안함의 속성을 가지고 있다. 지겨움 쪽으로 나아간 반복은 결별을 만난다. 편안한 쪽으로 나아간 반복은 일상이 된다. 어느 쪽으로 나아갈지 선택하는 게 인생이다. 욕망은 새롭고 화려하고 특별한 것에 끌리는 습성이 있고, 관계는 평범하고 오래되고 한결같은 것에 마음을 두는 습성이 있다. 일상은 성실한 것으로 살아가야 한다. 성실한 관계가 반복되면 믿음이 생긴다. 믿음은 관계에 안정감과 활력을 불어넣어 준다."[1)]

아담은 하나님이 만드셨습니다. 만드신 재료는 하나는 '흙'이고, 하나는 하나님의 생기 곧 하나님의 '호흡'입니다. 따라서 인간의 본질은 하나는 흙이고 하나는 하나님의 호흡입니다.

먼저 흙을 살펴볼까요? 흙은 천지에 널려 있습니다. 그러나 흙은 귀합니다. 흙이 없다면 인간은 경작하며 살 수 없습니다. 인간의 재료는 흙입니다. 흙은 겸손을 뜻합니다. 아무리 높은 산이라도 사람의 발밑에 있을 뿐입니다. 흙은 모든 것을 받아줍니다. 온갖 더러운 쓰레기들을 품어 삭이고 인고의 세월을 보내다가 모든 버려진 것들을 새로운 탄생으로 생명을 토해 냅니다.

---

1) 림태주, 관계의 물리학(출판: 웅진 지식 하우스, 2018).

흙은 다분히 하나님의 품성을 지녔습니다. 흙은 겸손(겸손은 흙이나 땅을 의미하는 라틴어 humus-에서 파생)합니다.

하나님은 아담을 지으셨을 때 흙처럼 모든 것을 품고, 용서하고, 관용하고, 평화하고, 사랑으로 관계하고 살도록 만드셨습니다. 그런데 흙이 흙처럼 살지 않고 자신의 본분을 망각하고 하나님처럼 되려고 할 때 모든 관계는 깨어졌습니다. 아담은 하나님과의 관계의 신앙에 실패하였습니다.

하나님과의 관계에 실패하면 모든 것을 다 잃습니다. 구원, 용서, 천국, 영생, 사랑……. 이루 말할 수 없는 영적 은혜를 잃습니다. 그러나 하나님과의 관계에 성공하면 모든 것을 다 얻습니다. 하나님을 얻으면 세상도 덤으로 얻고, 하나님을 잃으면 천국도 잃고 세상도 다 잃습니다. 하나님은 모든 '관계' 속에 축복과 형통을 숨겨 놓으셨습니다.

겸손의 반대가 교만이라면 겸손은 신앙인의 으뜸 자질입니다. 왜냐하면, 기독교의 7대 죄악(교만, 시기, 분노, 탐욕, 탐식, 게으름, 정욕) 중 첫 번째가 교만이기 때문입니다.

C.S. 루이스는 교만은 인간의 암적 요소라고 말합니다. 나머지 죄는 인간의 본능에서 표출된 것이지만 교만은 지옥에서 곧장 오기 때문에 교만은 인간에게 가장 무서운 것이라고 말합니다. 그래서 흙으로 만들어진 인간은 언제나 겸손해야 합니다.

인간은 하나님의 형상에 따라 만들어졌습니다. 하나님의 속성 중 가장 으뜸은 사랑입니다. 사랑은 '품'입니다. 하나님은 품이십니다. 모든 인간을 품어줄 수 있는 우주보다 더 큰 품이십니다. 하나님의 사랑을 가장 알차게 담아놓은 '탕자의 비유'는 하나님의 품이 얼마나 크신지 우리에게 말해줍니다. 인간도 하나님처럼 품이 되어야 합니다.

아담은 태어나서 (사실은 만들어진 것이지만) 단 한 번도 에덴을 떠난 적도 없습니다. 처음에는 너무나 좋았을 것입니다. 그러나 시간이 흐르면서 일상의 반복에 지겨움이 생겨날 수도 있습니다. 이러한 반복 속에서 아담과 하와의 마음에 욕망의 시험이 찾아왔습니다. 욕망은 새롭고 화려하고 특별한 것에 끌리게 되어있습니다.

아담과 하와는 하나님과의 반복적인 일상의 관계보다 욕망을 선택했습니다. 사탄은 에덴동산의 선악과를 이용해 아담과 하와 속에 욕망의 불씨를 지폈습니다.

아담과 하와는 시련을 맞이한 게 아니라 자신의 욕망과 욕심과 불순종 때문에 유혹을 당한 것입니다. 경계의 기쁨, 한계의 은혜를 몰랐던 겁니다. 경계는 인간이 지켜야 할 선이고 한계는 인간 자신의 위치를 아는 것입니다.

하나님께서 에덴동산에 선악과를 만드시고 "따먹지 마시오"라고 푯말을 붙이셨습니다. 이것은 인간이 자유와 금지, 금지와 자유의 사이에 있을 때 안전하다는 말씀입니다. 자유만 있으면 오남용에 빠지고, 반대로 금지만 있으면 선택을 못 합니다.

폴 틸리히는 '인간이란 수많은 경계선 위에 서 있기에 위태로운 존재'라고 했습니다. 내적 실존이 다양한 형태로 한계에 부딪히는 까닭입니다. 그에게 인간은 '두 기질 사이에', '현실과 상상 사이에', '이론과 실제 사이에', '자율과 타율 사이에', '신학과 철학 사이에', '교회와 사회 사이에', '종교와 문화 사이에', '본국과 타국 사이에' 있는 존재입니다.[2)]

아담과 하와는 이 사이에 있는 존재라는 것을 제대로 인식하지 못했습니다. 그리고 그들은 유혹을 이기지 못하고 모든 것을 잃게 되었습니다. 하나님과의 관계가 끊어지자, 그 결과 실낙원을 하고 자연조차 그들을 외면하였습니다. 하나님은 인간을 창조하실 때 관계하며 살도록 만드셨습니다. 그러나 아담과 하와가 하나님과의 관계를 등한시함으로 결국 사탄과 관계를 맺었습니다. 그 결과 선악과를 따먹음과 동시에 하나님과의 관계는 파국을 맞았습니다.

세례요한처럼 자신의 위치를 알아야 했습니다. "자신은 쇠하고 주님은 흥하여야 한다"(요3:30)는 자신의 위치 말입니다. 아담이 자신이 흙으로 만들어진 존재라는 사실을 늘 기억하고 살았다면 하나님과 같이 되려는 반역죄는 짓지 않았을 것입니다. 우리는 잊지 말아야 합니다. 우리는 흙이라는 사실 말입니다. 또한 하나님의 호흡, 곧 생명이 없으면 절대로 살지 못한다는 것을요!

사람은 태어나자마자 들숨을 쉬고 평생 들숨과 날숨을 반복하며 살다가 날숨을 쉬고 죽습니다. 인간의 본질은 들숨으로 하나님의 생명을 받아들이고 날숨으로 타자에게 생명을 불어넣는 것입니다. 이렇게 인간은 하나님의 도움과 은혜 없이는 홀로

---

2) 송용원, 사이에서(출판: IVP, 2022).

살아갈 수 없는 존재입니다.

자신의 위치를 아는 것이 구원의 시작입니다. 인간이 '흙'이라는 본질을 알면 관계 맺음에 성공할 수 있습니다.

저는 20살에 예수님을 영접했습니다. 갑자기 아버지가 돌아가시고 저는 인생의 허무함을 느꼈습니다. 정말 하나님이 살아계신 지 알고 싶은 열망이 있었지만 어떻게 해야 하는지 알 수가 없었습니다.

저는 무작정 제 방에 들어가 난생처음 '기도'라는 것을 간절히 하였습니다. 그리고 하나님께 구했습니다.

"하나님 정말 살아계시면 제게 증표를 보여주세요. 증표를 보여주시면 평생 그 증표를 간직하고 하나님을 위하여 살겠습니다."

이렇게 간절히 기도하는 제 생각에 '무엇을 증표로 달라고 하지?'라는 생각이 스쳐 갔습니다. 교회는 안 나갔지만, 가끔 기독교 방송을 듣는데 사람들이 '방언' 이야기를 했던 것이 기억났습니다. 그래서 방언을 하게 해달라고 기도했습니다. 그러자마자 저의 입술이 꼬여지면서 방언이 나왔습니다. 저는 그때 눈물과 콧물을 다 쏟으며 '회개'를 하고 구원을 받았습니다.

나 같은 죄인을 주님이 오셔서 만나 주시고, 새로운 생명과 새로운 인간으로 살게 해주신 것입니다. 그리고 신학교에 입학하고 목회자가 되었습니다. 꿈에도 생각지 못했던 목회자의 길에 들어서게 된 것입니다.

세월이 흘러 30년 이상 목회를 하고 지금 생각해 보면, 저도 '흙'의 모습으로 주님의 '생명'으로 제대로 살지 못한 것 같습니다. 열정만 가득했습니다. 더 많이 가족과 성도들과 사람들을 흙처럼 품어주고 이해했다면 얼마나 좋았을까? 이 지점에서 때때로 인생과 목회에 아쉬움이 있습니다. 젊을 때는 옳고 그름만 생각했지 주님의 관용과 용서와 사랑이 부족했습니다.

자신이 누구이고 어떻게 살아왔고 어떤 존재라는 것을 가슴 깊이 심어두고 산다면 하나님과의 관계, 이웃과의 관계를 소홀히 하지 않을 것입니다. 그리고 그 관계를 지켜내고 발전시키고 주님의 가족과 공동체의 일원으로 '더불어' 형통하게 살 것입니다.

아담아 네가 어디 있느냐?

지금은 충성스럽게 주님을 섬기는 장로님이 계십니다. 이분이 젊었을 때 세상과 사업에 푹 빠져 살았습니다. 그의 아내는 신앙이 좋은 집사님이셨습니다. 그래서 3일간 열리는 부흥회를 통해 어떻게 해서든 남편을 전도하려고 마음을 먹었습니다. 온갖 서비스와 설득, 사정을 해서 마침내 남편이 3일간 저녁 집회에 참여하기로 했습니다.

아내를 따라 교회에 간 남편은 교회가 낯설고 어색해서 눈치를 보며 성전 안 뒤편 오른쪽 끝에 앉아있었습니다. 그런데 목사님이 설교하던 중 자기가 앉아있는 방향을 향해 손가락질하면서 "죄인들아 회개하라. 회개하지 않으면 멸망한다"라고 고함을 질렀습니다. 가만히 앉아 설교를 듣고 있는데 자기를 향해서 계속 책망하는 것이었습니다. 남편은 화가 났습니다. '저 목사 왜 그러나 우리 마누라하고 짜고 그러나? 날 언제 봤다고…….' 집회 내내 속이 편치 않았습니다.

집회를 마치고 집으로 돌아가는 길에 차 안에서 아내와 한바탕 싸웠습니다. "대체 내가 뭘 잘못했다고 날 쳐다보며 죄인이라고 목사가 막 소리를 지르는 거야?" 하며 다시는 교회를 가지 않겠다고 화를 내며 말했습니다. 아내가 웃으며 말했습니다. "누구나 하나님 앞에서는 죄인이에요. 죄인 아닌 사람이 어디 있어요. 목사님이 당신만 미워서 죄인이라고 소리치셨겠어요? 우리 모두를 향해서 하시는 말씀이에요." 아내의 말을 듣고 보니 자신이 오해한 것 같았습니다.

다음 날 저녁 이번에는 왼쪽 구석에 앉았습니다. 어제 계속 오른쪽을 향해 손가락질하는 것 같아 왼쪽에 앉았습니다. 그런데 그날 밤 목사님이 하시는 설교가 "오른쪽에는 양들과 같은 의인들, 왼쪽에는 염소와 같은 죄인들아" 하더니, 이번에는 왼쪽을 가리키며 "저주받은 염소와 같은 자들은 지옥에 떨어진다"라고 말하는 것이었습니다. 그러니 이분이 얼마나 황당했겠습니까? '저 목사 왜 나만 못살게 굴지, 왜 날 잡으려고 야단이야?' 기분이 너무 나쁘지만, 아내와 3일간 집회 참석을 약속했기에 꾹 참고 마지막 저녁 집회에 참석하며 '만약 오늘도 이상한 소리를 하면 가만히 있지 않겠어.'라고 생각했습니다. 목사 얼굴을 보고 싶지 않아서 기둥 뒤에 가서 숨어 앉았습니다. 그런데 이게 웬일입니까? 그날 저녁 목사님이 설교하는데 "아담아 네가 어디 있느냐, 네가 어디에 숨었느냐?"라고 말하는 것이었습니다. 그러자 갑자기 그 말씀이 자기 가슴에 와닿으면서 깨달아지기 시작했습니다. '정말 하나님은 살아 계시구나. 하나님이 나를 부르시는구나.' 그날 이분이 회개하고 예수님을 잘 믿어 장로님이 되었습니다.[3)]

"아담아 네가 어디 있느냐?" 하는 말씀은 하나님이 아담에게 하신 기록된 로고스의 말씀입니다. 그런데 이 말씀이 내게 주시는 말씀이 될 때 레마의 말씀이 됩니다. 우리는 성경을 읽고 설교를 들을 때 나에게 주시는 이 레마의 말씀에 은혜를 입어야 합니다. 이것은 성령님의 특별한 은혜입니다.

하나님은 오늘날도 우리에게 레마의 말씀으로 우리에게 물으십니다.

"아담아 네가 어디 있느냐?"

이 물음은 네가 지금 나와의 관계가 어떠하냐고 바꾸어 질문할 수 있습니다. '너 서 있는 자리가 하나님과의 관계 속에 있는

---

3) 박헌성, 형통의 믿음을 계승하라(출판: 생명의 말씀사, 2006).

것처럼 온전한 위치에 있느냐?'는 질문입니다.

성경에 "하나님의 말씀은 살아있고, 운동력이 있고, 모든 날선 검보다 예리하여 우리의 혼과 영과 골수까지 쪼개고 고친다"(히4:12)라고 말씀하십니다.

하나님의 말씀은 정육점의 칼보다, 수술실의 메스보다 예리합니다. 수술실의 메스와 칼은 사람의 질병을 잘라내고 도려냅니다. 그러나 수술실의 칼이 아무리 예리해도 우리의 걱정은 잘라낼 수 없습니다. 우리의 죄도 잘라낼 수 없습니다. 육신의 병은 고쳐도 우리의 인생 문제는 고칠 수 없습니다.

하나님의 말씀은 우리 인생을 수술해 주십니다. 모든 절망과 아픔을 소망과 축복으로 수술해 주십니다. 그리고 하나님의 말씀은 살아있는 축복의 칼이어서 내 죄도 도려냅니다. 내 마음의 근심도 도려냅니다. 내 어려운 환경도 살려냅니다. 나와 관계된 모든 저주와 어둠과 실패와 불행을 도려냅니다.

어떻게 그럴 수 있느냐? 하나님의 이 로고스의 말씀이, 선포되는 말씀이 로고스에서 나에게 들려주시는 레마의 말씀이 되면 됩니다.

그러기 위해서는 모든 힘과 능력을 공급하시는 성령님을 의지해야 하고 그 말씀이 나에게 이루어지길 원하는 사모함이 우리 가운데 있어야 합니다.

하나님과의 관계를 소중히 여길 때 로고스의 말씀은 레마의 말씀으로 나를 새롭게 합니다. 레마의 말씀으로 이 장로님은 하나님과의 관계가 회복되었습니다. 적대적 관계에서 화목적 관계로요.

일차적으로 하나님과의 관계 회복이 가장 중요합니다. 그리고 하나님과의 관계를 바탕삼아 모든 죽어있는 관계가 살아나야 합니다. 하나님의 말씀을 듣고 읽을 때마다 모든 축복의 가능성인 로고스의 말씀이 실재가 되는 레마의 말씀으로 다가와야 합니다.

"아담아 네가 어디 있느냐?"

이 물음은 네가 지금 나와의 관계가 어떠하냐고 바꾸어 질문할 수 있습니다. '너 서 있는 자리가 하나님과의 관계 속에 있는 것처럼 온전한 위치에 있느냐?'는 질문입니다. 또한 '너의 위치가 흙의 위치에 있느냐'의 물음입니다.

우리는 언제나 이 질문에 대답할 수 있어야 합니다.

말씀 들여다보기

창 3:8　○그 남자와 그 아내는, 날이 저물고 바람이 서늘할 때, 주 하나님이 동산을 거니시는 소리를 들었다. 남자와 그 아내는 주 하나님의 낯을 피하여서, 동산 나무 사이에 숨었다.

창 3:9　주 하나님이 그 남자를 부르시며 물으셨다. "네가 어디에 있느냐?"

창 3:10　그가 대답하였다. "하나님께서 동산을 거니시는 소리를, 제가 들었습니다. 저는 벗은 몸인 것이 두려워서 숨었습니다."

02

하와 - "돕는" 관계 맺음

하와의 이름의 뜻에는 3가지 이름들이 적용되고 있습니다.
"여자" 그녀는 히브리어의 남자 "이쉬"에서 취해졌기 때문에
히브리말 "이솨"라고 불립니다.
"사람" 하와와 그녀의 남편은 모두 사람으로 불렸습니다.
"하와" 하와는 타락 후에 그녀의 남편이 지어준 이름입니다.

우리 역사에서 히로시마의 원자폭탄 투하는 매우 중요한 사건입니다. 이 일로 인해 일본은 항복하고 우리는 일제 치하에서 벗어날 수 있었기 때문입니다.

그런데 원래 폭탄은 히로시마가 아닌 교토에 투하할 예정이었습니다. 그런데 전쟁 장관 헨리 스팀슨(Henrry L. Stimsom)이 교토와 개인적인 관계가 있어서 교토가 아닌 히로시마에 원자폭탄이 투하된 것입니다.

그는 1926년 교토로 신혼여행을 갔다가 일본의 문화와 예술을 사랑하게 되었습니다. 교토는 원자폭탄의 첫 번째 과녁이었

으나 스팀슨이 투르먼 대통령에게 건의하여 불행한 과거의 사건에서 벗어날 수 있었습니다.[1]

개인적 관계가 역사적 관계에까지 확장될 수 있다는 예입니다. 히로시마에는 안타까운 이야기이지만 교토는 한 사람과의 관계가 그 지역을 살리는 돕는 역할을 한 것입니다.

하나님은 인류 최초의 인간인 아담의 '돕는 배필'로 하와를 만드셨습니다. 여기서 '돕는다'라는 말은 '구해 낸다'라는 뜻의 '에제르'입니다.

하나님은 아담을 고독에서 구해 내고 축복의 통로가 되도록 하와를 만드셨습니다. 그러나 하와는 하나님의 의도와는 달리 아담을 구해 내지도 돕지도 못했습니다. 오히려 자신이 선악과를 따먹고 남편 아담에게도 먹게 함으로 남편을 공범 관계로 만들었습니다. 즉시 모든 관계를 파괴했습니다.

관계를 창조적으로 만들어내는 것이 하나님의 의도입니다. 그러나 우리 인간은 자신과의 관계를 파괴하고 다른 사람들과의 관계를 파괴하는 원죄가 있는 존재입니다.

존 스토트는 "죄란, 하나님과 먼저 관계하고 그다음 다른 사람과 관계하고 마지막에 자신과 관계해야 하는데 죄는 이 관계를 거꾸로 돌려놓았다"라고 합니다. 자신이 먼저고 타인이 그 다음이고 하나님을 가장 끝에 두는 것을 죄라고 말합니다.[2]

---

1) 레너드 스윗, 관계의 영성(출판: IVP, 2019).

2) 존 스토트, 새사람(출판: 아바서원, 2011).

하와는 이 공식대로 행하며 원죄의 근원이 되었습니다. 그녀가 하나님과의 관계를 가장 중요시했다면 유혹을 피해 갔을 것입니다. 만약 하와가 하나님의 의도대로 살아서 다른 사람을 도와주고 구해주는 관계의 영성으로 살았다면 인류의 역사는 달라졌을 것입니다.

인간은 도움을 받고 도움을 주고 살아가는 존재입니다. 그런데 '나는 누구에게도 평생 도움을 받지도, 주지도 않고 살 거야' 이렇게 생각하고 사는 사람이 있을 수 있습니다. 그러나 이렇게 말하는 사람은 '나는 평생 병에 걸리지 않고 결코 병원에 가지 않을 거야'라고 말하는 사람과 다름없습니다.

사람은 누구나 원하든 원하지 않든 도움을 주고 도움을 받고 살아야 합니다. 인생은 또 그렇게 돌아갑니다. 하나님이 그렇게 만드셨기 때문입니다.

사람이 한 가지로만 도움을 주고, 받고 사는 것이 아닙니다. 다양합니다. 돈, 위로, 격려, 이해, 관용, 용서, 사랑, 관심, 선물…… 등 수많은 종류가 있습니다. 사람은 누구나 타인을 도울 수 있다는 말입니다. 그런데 이런저런 이유를 대며 돕는 인생으로 살아가길 거부합니다. 가진 것이 없어도 누구나 도우며 살 수 있습니다. 이런 말도 있습니다.

"사랑을 줄 수 없을 만큼 가난한 자도 없고, 사랑을 받지 않아도 될 만큼 부유한 자도 없다."

사람은 누구나 무엇으로든 돕고 살 수 있습니다. 하와도 자신의 남편인 아담이 죄를 짓지 않도록 도와야 했습니다. 그런데 하와는 왜 돕는 배필의 역할에 실패했을까요?

왜 사탄은 아담보다 하와에게 선악과를 따 먹도록 표적 삼았을까요? 어쩌면 아담보다 하와가 유혹에 더 취약했기 때문이라고 생각할 수 있습니다. 사탄은 둘 중 하나를 유혹하거나 둘 다 유혹하여야만 했습니다. 그런데 하와를 표적 삼은 것은 하와가 아담보다 하나님과의 관계에 있어 더 취약하다는 것을 알아차렸기 때문입니다. 부부가 서로 이야기한 것도 들었을 것입니다. 때로는 아담 부부가 선악과에 대해 서로 주고받은 대화도 들었을 것입니다. 아담과 하와는 왜 하나님께서 동산 중앙에 있는 선악과를 따 먹지 말라고 했는지 의문을 많이 가지고 있었을 것입니다.

존 스토트는 영이 주인이고 혼이 청지기이고 육이 종이라고 말합니다. 우리는 영적일 수 있고 혼적일 수 있고 육적일 수 있습니다. 성경은 '하와가 사탄의 말을 듣고 다시 선악과를 보니 먹음직도 하고 보암직도 하였다'라고 기록했습니다. 아담과 하와의 인간 시스템이 영적인 것에서 육적인 것으로 바뀌어 가고 있다는 것을 알게 됩니다.

물질로 돕는 것만이 도와주는 것이 아닙니다. 내가 영적으로 살면서 하나님과의 관계를 우선순위로 삼고 살아가는 것이 가족과 교우를 돕는 첫 번째 일이 되는 것입니다.

하와가 아담을 돕는 일은 창조 본래의 영적 시스템이 무너지지 않고 주변에 영적인 영향력을 주는 것이었습니다. 하나님께서 하와를 돕는 배필로 간드셨다는 것은 선한 영향력을 끼치고 살라는 주문이셨습니다. 그러나 하와는 아담에게 나쁜 영향력을 끼쳤습니다.

문제는 우리가 세상에 좋은 영향력을 끼칠 수도 있고, 나쁜 영향력을 끼칠 수도 있다는 것입니다. 인간은 살아가면서 관계를 통해 영향을 받고, 영향을 주는 존재이기 때문입니다. 좋은 영향력을 끼치고 살기를 원한다면 관계에 신경을 써야 합니다. 먼저는 하나님과의 관계, 그리고 타자와의 관계입니다. 이것이 바른 신앙을 키우는 힘입니다.

하나님은 우리 인간과 관계를 회복하시기 위해 자기 아들을 이 땅에 가장 낮게 보내셨습니다. 그리고 온갖 멸시와 천대를 받으시고 십자가의 죽음에 내어주셨습니다. 이유는 단 하나 우리와의 깨어진 관계를 회복하시기 위해서 독생자를 내어주실 만큼 관계를 소중히 여기셨습니다. 우리는 관계의 지평을 열고, 유지하고, 보수하고, 개선하고, 온전히 서게 하려고 얼마나 노력하는지 되돌아보아야 합니다.

우리는 초개인주의 시대에 살고 있습니다. 책임을 전가하고 이용하는 시대에 살고 있습니다. 여러분의 신앙이 제대로 서려면 관계부터 새롭게 정립해야 합니다. 관계의 영성을 만들어내는 것은 서로 도울 때입니다. 도움의 순서는 영적인 것에서 혼적인 것으로, 그리고 육적인 것이어야 합니다. 이 순서를 명확히 해야 합니다.

일산에 교회를 개척하고 23년이 흘렀습니다. 23년 전 교회는 상가 건물 2층에 있었습니다. 그리고 2층 공간을 중국음식점, 피아노학원과 우리 교회가 삼등분하여 사용하였습니다. 설상가상으로 지하는 입구부터 쓰레기로 덮여 있었습니다.

성도라고는 할아버지 한 분과 학생 몇 명뿐이었습니다. 교회 이름을 '아름다운 교회'라고 바꾸어 1999년 5월 1일에 새로이 개척했습니다.

당시 피아노 반주를 하던 신학생이 큰 교회에서 반주 사례비를 준다는 제안을 받았습니다. 그 반주자에게 그 교회에 가지 말고 우리 교회에서 계속 반주해 달라고 간절히 사정했습니다. 하나님이 더 많은 축복을 주실 거라고 말하며 사정했지만 냉정하게 가 버렸습니다.

그 이후 제 인생의 모토는 '무조건 돕자'는 것이 되었습니다. 그리고 그때 제 인생의 동역자인 중학생 미연이가 반주를 배워 십수 년을 정성스럽게 반주하다가 결혼 후 분당으로 이사를 가면서 교회에 값진 피아노를 헌물하였습니다. 하나님이 우리 교회를 위해 미연이를 준비해 주신 것입니다.

미연이가 결혼하고 이사를 가자, 초등학생이었던 제 딸 하영이가 피아노를 배워 지금까지 반주자로 봉사하고 있습니다. 전 미연이의 고마움을 잊지 못합니다. 누군가의 도움이 절실히 필요할 때 손을 뿌리치지 않고 정성을 다해 함께 해준 미연이를 축복합니다.

왕 같은 제사장

제사장의 의무는 하나님과 사람 사이의 관계를 화목으로 돌려놓는 것입니다. 그리스도인이라면 누구든 제사장입니다.

하나님은 그리스도를 통하여 이 세상을 자신과 화목하게 하셨으며, 또한 우리에게 화해(reconciliation)의 사역을 주셨습니다. 다시 말하면, 하나님은 자신을 거역하는 세상의 죄악을 눈감아 주시고, 그리스도 안에서 세상을 자신과 화목하게 하셨으며, 화해의 말씀(the word of reconciliation)을 우리에게 위탁하셨습니다. 이런 점에서 우리는 그리스도의 대사들(ambassadors)입니다. 우리가 먼저 예수 그리스도를 통해 하나님과 화목하게 되었고 우리에게는 이제 화해의 사명이 주어졌다는 사실입니다.[3] '제사장'이 얼마나 어마어마한 칭호인가를 구약에서 찾아볼 수 있습니다.

이집트에서의 비참한 삶으로부터 구출된 지 얼마 되지 않았을 때 다윗의 조상들은 그들 민족의 정체성을 규정하는 선언적

3) 후안 카를로스 오르띠즈, 우리는 아무렇게나 나뒹굴고 있는 벽돌 더미가 되어서는 안 됩니다(출판: 만나, 1993).

말씀을 들었습니다. "너희의 나라는 나를 섬기는 제사장 나라가 되고, 너희는 거룩한 민족이 될 것이다"(출19:6).

이 말씀을 처음 듣는 순간, 그들은 분명 도무지 이해할 수 없다는 놀라움으로 반응했을 것입니다. 이집트에서의 경험으로 인해 그러한 정의를 받아들일 수 있는 준비가 전혀 되어있지 못한 까닭입니다. 이집트에서는 나일강 주변에 지어진 거대한 사원에 살면서 모든 권력을 쥐고 종교의식을 지배하며 나라의 업무를 담당했던 자들이 제사장들이었습니다. 이집트에서의 제사장은 화려한 예복을 입고, 굽실대는 종들의 호위를 받고 다녔던 최상위 계층이었습니다. 그런데 누가 감히 제사장 나라가 된다는 말씀을 이해했겠습니까? 그런데 그들이 제사장을 '두라'는 말씀이 아니라 '되라'는 말씀을 들었습니다. 얼마나 어리둥절한 말씀이었겠습니까?

제사장이란 하나님 앞에서 사람을 나타내고 사람 앞에서 하나님을 나타내는 존재입니다. 제사장이란 하나님과 인간의 관계를 귀로 듣고 눈으로 보게 만들어 주는 사람입니다. 제사장이란 하나님께 인간의 소원을 말씀드리고 사람들에게 하나님의 말씀을 계시하는 존재입니다. 하나님과 인간은 어떤 점에서, 아니 모든 점에서 서로 관계를 맺고 있습니다. 제사장이란 그러한 실재를 말과 행동으로 드러내는 사람입니다.

우리는 우리를 구원하시는 하나님을 너무 쉽게 잊어버립니다. 우리와 함께하시는 하나님에게서 너무 쉽게 마음이 떠납니다. 그러기에 하나님을 기억나게 해주고 우리 앞에 하나님을 들

이미는 역할을 해주는 제사장이 필요합니다.[4]

하와는 이러한 제사장 역할로 아담을 도와야 했습니다. 그러나 그녀는 돕는 배필로서의 역할을 전혀 하지 못했습니다.

예수님 때문에 이제 우리는 모두 제사장이 되었습니다. 제사장은 하나님과 다른 사람 사이의 관계를 회복하도록 돕는 화해자입니다. 도와줄 때, 그 사람의 필요를 채워줄 때 비로소 관계가 형성됩니다.

주님이 우리와 하나님과의 관계를 회복시키기 위해 자신의 생명을 아낌없이 희생해 주셨습니다. 그분은 우리의 대제사장이십니다. 그리고 우리가 바로 왕 같은 제사장입니다. 이제 우리가 이 역할을 할 차례입니다.

---

4) 유진 피터슨, 현실에 뿌리박은 영성(출판:IVP, 1999).

말씀 들여다보기

창 3:13　주 하나님이 그 여자에게 물으셨다. "너는 어쩌다가 이런 일을 저질렀느냐?" 여자도 핑계를 대었다. "뱀이 저를 꾀어서 먹었습니다."

벧전 2:9　○[d]그러나 여러분은 택하심을 받은 족속이요, 왕과 같은 제사장들이요, 거룩한 민족이요, 하나님의 소유가 된 백성입니다. 그래서 여러분을 어둠에서 불러내어 자기의 놀라운 빛 가운데로 인도하신 분의 업적을, 여러분이 선포하는 것입니다.

*d 사 43:20; 출 19:5-6; 사 43:21

요 12:24　내가 진정으로 진정으로 너희에게 말한다. 밀알 하나가 땅에 떨어져서 죽지 않으면 한 알 그대로 있고, 죽으면 열매를 많이 맺는다.

요 12:25　자기의 목숨을 사랑하는 사람은 잃을 것이요, 이 세상에서 자기의 목숨을 미워하는 사람은, 영생에 이르도록 그 목숨을 보전할 것이다.

요 12:26　나를 섬기려고 하는 사람은, 누구든지 나를 따라오너라. 내가 있는 곳에는, 나를 섬기는 사람도 나와 함께 있을 것이다. 누구든지 나를 섬기면, 내 아버지께서 그를 높여주실 것이다."

03

가인 - "더불어"의 관계 맺음

가인의 뜻은 '얻다', '획득하다' 입니다

부모의 사랑을 더 받기 위해 형제간에 나타나는 심리적 갈등이나 적대감을 '가인 콤플렉스'라고 합니다. '가인 콤플렉스'는 가인이 동생 아벨을 시기하여 죽인 사건에서 유래했습니다.

우리가 얻고 획득하는 것은 '더불어' 살기 위함이 되어야 합니다. 아담과 하와는 에덴동산에서 쫓겨나서 땅을 경작하며 고단한 삶을 살게 되었습니다. 그때 그들에게 위안과 위로가 되는 아들 가인이 태어났습니다. 물론 둘째 아벨도 태어났습니다. 아담 부부는 첫째인 가인을 편애했습니다.

우리는 형이 동생을 죽인 이 최초의 살인 사건은 다름 아닌 관계의 파괴에서 나온 결과라는 것을 알게 됩니다. 가인이 아벨을 죽인 것은 '부모의 사랑'이 아니라 '하나님의 사랑'을 독차지하려는 시기심에 의해서 빚어진 사건임을 알게 됩니다.

가인은 사실 부모의 사랑을 독차지했습니다. 그의 직업이 농부인 것만 보아도 아버지 아담의 가업을 이어받았고 부모의 사랑을 독차지했음이 분명했습니다. 야곱이 요셉을 비정상적일 만큼 편애했듯이 아담과 하와도 비정상적으로 첫째 아들인 가인을 편애했습니다.

이 편애로 말미암아 가인의 인격은 그의 이름처럼 더 많이 얻고 더 많이 획득하는 탐욕적인 이기심과 시기심으로 가득 찬 인간으로 만들어져 갔습니다. 한마디로 '관계'의 소중함을 철저히 외면하며 오직 '자기애'로 가득 찬 삶을 살았습니다.

풍요는 축복이 아니고 빈곤도 저주가 아닙니다. 둘 다 시험일 뿐입니다. 관계의 시험일 뿐입니다. 풍요는 다른 사람과 어떻게 나누느냐의 시험이고 가난은 인내의 시험일 뿐이고 이것의 최종적 시험은 예배에서 판가름 나는 것입니다. 왜냐하면, 가인과 아벨의 삶이 예배에서 판가름 났기 때문입니다.

하나님은 당신과의 관계를 제물의 많고 적음의 양으로 측정하지 않으십니다. 하나님과의 관계는 평상시에 하나님에게 얼마나 감사하며 살아왔는지 그리고 그 감사함으로 다른 사람과 어떤 관계를 맺었는지로 판가름 납니다. 하나님은 관계를 소중히 여기십니다.

주님은 말씀하십니다. "너는 그 제물을 제단 앞에 놓아두고, 먼저 가서 네 형제나 자매와 화해하여라. 그런 다음에 돌아와서 제물을 드려라"(마5:24).

제사 드리러 왔는데, 제사 드리고 가서 화해하면 안 될까요?

혹 화해해야 할 사람이 멀리 있으면 더 곤란할 것입니다. 그냥 기도로 회개하고, 나중에 만나서 하면 안 될까요? 그런데 주님은 '즉시'입니다.

제사를 드릴 수 있는 모든 조건 곧 제물, 제사자, 제사장, 하나님 다 계신데 무엇이 중요합니까? 주님이 말씀하신 것은 제물과 제사자 그리고 제사가 중요하지 않다는 이야기를 하시려는 것이 아닙니다. 이 모든 것에 합당한 제사가 되려면 모든 관계를 정상으로 되돌리고 더 좋은 관계를 유지하며 살라는 것입니다. 관계가 삶이고 삶이 제물이라면 화해를 이루고 와서 제물을 드리라 하는 그것은 매우 중요한 가르침입니다.

관계는 주님의 말씀에 순종하는가에 대한 '시금석'입니다. 예배인도자와 예배자가 예배를 드리기 전에 나 자신과 관계의 화해를 할 사람이 있는지 먼저 살펴보아야 합니다. 외적인 것만 치장하거나 준비하지 말고 우리의 내적인 마음을 살펴야 합니다. 나는 지금 누구와 화해가 필요한지 자신에게 물어야 합니다.

한마디로 가인은 탐욕의 인간, 시기심의 인간으로서 관계를 파괴하는 전형입니다. 가인은 하나님과의 관계, 부모와의 관계, 동생과의 관계에 실패한 대표적인 예입니다. 그가 관계를 소중히 여긴 사람이었다면 하나님께 드린 제사에 성공했을 것입니다.

관계에 예배의 성공 여부가 판가름 난다고 할 수 있습니다. 삶의 핵심은 관계이기 때문입니다. 관계를 엉망으로 하는 사람, 여기서부터 신앙의 문제가 생기는 것입니다. 성경이 우리에게 가르치는 예배는 삶이 예배 되게 하고, 예배가 삶이 되게 하는 것입니다.

오늘날 우리는 무서울 정도로 '가인적'입니다. 우리는 이기심과 시기심, 성공주의, 개인주의가 판치는 세상에서 살고 있습니다. 바른 인간관, 바른 신앙관을 정립할 수 있으려면 할 수 있는 대로 모든 사람과 평화 관계를 유지해야 합니다. '더불어'가 아니라 '자신만을 위한 것'은 그 어떤 것도 합리화되거나 정당화될 수 없습니다. 그리고 '평화의 유지비'는 겸손과 관용 그리고 사랑으로 항상 내가 먼저 지불해야 되는 것입니다.

아주 오래전 부목사로 목회를 하였을 때 아주 좋은 분을 만났습니다. 허천욱 권사님이라는 분인데 신앙도 좋고 다른 사람을 위하는 마음이 특별한 분이었습니다.

한번은 이분이 속회에 나가 어려운 처지에 있는 새 신자가 있다는 사실을 알게 되었습니다. 그러자 허 권사님이 선뜻 이 어려운 속회원에게 칠천만 원을 빌려주셨습니다. 그리고 방이시장에서 채소가게를 얻어 장사해서 성공하면 빚을 갚고, 사업에 실패하면 안 갚아도 된다고 하시며 선뜻 거금을 건네주셨습니다.

이 새 신자가 감동되어 정말 열심히 채소가게 사업을 했습니다. 감사하게도 이분이 돈을 많이 벌어 허 권사님의 빚도 갚고

자립도 하게 되었습니다. 백 마디의 말보다 필요를 채워주며 더불어 살아가는 허 권사님이 고맙고 자랑스러웠습니다. 지금도 허 권사님은 주님 안에서 사업 잘하고 복되게 살아가고 계십니다.

하나님의 자녀가 된다는 것은 하나님의 가족이 된다는 것입니다. '더불어' 사는 것이 관계의 핵심입니다. 우리는 더불어 사는 신앙의 실력이 있어야 합니다. 관계가 구원은 아니지만 거듭나고 구원받고 하나님의 자녀가 된 사람은 '좋은 관계'를 결과물로 내놓기 때문입니다.

과녁 맞히기

올림픽이 되면 재미있고 손에 땀이 나게 보는 경기가 있습니다. 바로 양궁입니다. 뭐니 뭐니 해도 양궁에서의 가장 하이라이트는 궁수가 10점을 맞추는 것입니다. 그리고 해설자가 흥분하며 "텐(10)"하는 소리치는 장면일 것입니다.

신앙이 양궁과 관련이 있습니다. 우리가 말하는 죄란 헬라어로 '하마르트티아'(ἁμαρτία)입니다. 그 뜻은 '과녁을 빗나가다'입니다. 죄란 하나님을 정조준하지 못하고 세상 모든 것을 과녁삼아 살아가는 것을 뜻합니다.

10점 곧 텐을 맞추지 못한 모든 삶은 죄입니다. 그러면 이런 물음이 있을 수 있습니다. "9점도 좋은 점수인데 왜 죄인입니까?"라는 의문입니다. 이렇게 생각해 보시면 그 의미를 명확히 이해할 수 있습니다.

빌헬름 텔 이야기를 들어 보셨습니까? 빌헬름 텔 이야기는 스위스의 독립을 위한 투쟁에서 발생한 사건들을 기반으로 합니다.

빌헬름 텔은 유명한 궁사입니다. 그래서 스위스를 압제하는 오스트리아 게셀러는 빌헬름 텔의 어린 아들 머리 위에 사과를 올려놓고 사과를 맞추는 결투를 하게 됩니다. 먼저 활을 쏘는 사람은 빌헬름 텔이었습니다. 그에게는 10점, 오직 '텐'이어야 합니다. 사과를 맞추는 것만이 아들을 살리는 것이었습니다. 만약 9점을 맞추어 아들의 이마를 맞춘다면 그 자리에서 죽을 것입니다. 아버지를 믿는 아들, 오직 사과의 10점 과녁만을 맞추어야 하는 아버지, 둘 다 얼마나 긴장되고 손에 땀이 나고 심장이 얼마나 요동치며 뛰었겠습니까? 결국, 빌헬름 텔은 사과만을 맞추어 아들을 살립니다.

신앙생활과 종교도 그렇습니다. 기독교는 오직 '10'점 '텐'이어야 합니다. 일반 다른 종교가 9점 8점이고 아무리 숭고한 외형을 갖추었더라도 참된 진리일 수 없습니다. 결국은 예수 그리스도 외에는 우리에게 생명을 줄 수 있는 진리는 없기 때문입니다.

우리는 더불어 죄 사함을 받아야 합니다. 우리는 더불어 구원을 받아야 합니다. 우리는 더불어 하나님의 자녀가 되어야 합니다. 오직 자신만 구원받고, 오직 자신의 교회만 잘되고 타자에게는 냉정한 사람이 되어서는 안 됩니다.

하나님께서 가인에게 물으셨습니다.

"네 아우 아벨이 어디 있느냐?"

가인이 말했습니다.

"모릅니다. 제가 아우를 지키는 사람입니까?"

이렇게 행동으로 말하는 사람이 과녁을 빗나간 '하마르티아'의 삶을 사는 사람입니다.

오늘도 주님은 우리에게 물으십니다.

"네 아우 아벨이 어디 있느냐?"

오직 우리가 신앙생활을 대충할 수 없고 명확하게 하나님을 믿어야 할 이유가 여기에 있습니다.

말씀 들여다보기

창 4:1 [가인과 아벨] [a]아담이 자기 아내 하와와 동침하니, 아
내가 임신하여, 가인을 낳았다. 하와가 말하였다. "주님
의 도우심으로, 내가 남자아이를 [b]얻었다."

*a 또는 '그 남자가'
b 히브리어 동사 '얻다'(또는 '생산하다')의 발음이 가인이라는 말과 비슷함

창 4:2 하와는 또 가인의 아우 아벨을 낳았다. 아벨은 양을 치
는 목자가 되고, 가인은 밭을 가는 농부가 되었다.

창 4:3 세월이 지난 뒤에, 가인은 땅에서 거둔 곡식을 주님께
제물로 바치고,

창 4:4 아벨은 양 떼 가운데서 맏배의 기름기를 바쳤다. 주님
께서 아벨과 그가 바친 제물은 반기셨으나,

창 4:5 가인과 그가 바친 제물은 반기지 않으셨다. 그래서 가
인은 몹시 화가 나서, 얼굴빛이 달라졌다.

창 4:6 주님께서 가인에게 말씀하셨다. "어찌하여 네가 화를
내느냐? 얼굴빛이 달라지는 까닭이 무엇이냐?

창 4:7 네가 올바른 일을 하였다면, 어찌하여 얼굴빛이 달라지
느냐? 네가 올바르지 못한 일을 하였으니, 죄가 너의 문
에 도사리고 앉아서, 너를 지배하려고 한다. 너는 그 죄
를 잘 다스려야 한다."

창 4:8 ○가인이 아우 아벨에게 말하였다. "[c]우리, 들로 나가

자." 그 들이 들에 있을 때에, 가인이 그의 아우 아벨을 쳐죽였다.

*c 사마리아 오경과 칠십인역과 불가타와 시리아어역을 따름

창 4:9 주님께서 가인에게 물으셨다. "너의 아우 아벨이 어디에 있느냐?" 그가 대답하였다. "모릅니다. 제가 아우를 지키는 사람입니까?"

히 12:14 ○모든 사람과 더불어 화평하게 지내고, 거룩하게 살기를 힘쓰십시오. 거룩해지지 않고서는, 아무도 주님을 뵙지 못할 것입니다.

04

아벨 – "약자"와의 관계 맺음

아벨의 뜻은 '티끌', '공허', '허무하다'입니다

사랑과 진리는 독과점 품목이 아닙니다. 사람과 사회가 타락하면 모든 것을 독점하려고 합니다. 아벨의 억울한 죽음은 가인이 모든 것을 독점하려는 탐욕과 이기심 그리고 시기에서 나온 결과물입니다.

아벨은 사랑받지 못한 아들입니다. 우리식으로 이야기하면 철저한 약자입니다. 그가 유일하게 삶의 원동력을 가질 수 있었던 것은 하나님과의 관계였습니다. 하나님께서 아벨과 아벨의 제물과 제사를 받으셨다는 성경의 증언이 이 사실을 뒷받침합니다.

하나님께서 아벨의 삶을 제물로 받으셨다고 하는 것은 그가 얼마나 관계를 바로 세우려고 노력하며 살았는지를 대변해 줍니다. 형만 사랑하는 부모를 이해하려 했습니다. 모든 것이 자기 뜻대로 돌아가야 직성이 풀리는 형 가인의 횡포에도 관계를 깨지 않으려 노력했습니다. 가인과 아벨이 따로따로 제사를 드린 것이 아니라 공동 제사를 드린 것만 보아도 알 수가 있습니다. 가인과 아벨의 제사는 공동 제사였습니다. 공동은 관계를 의미합니다.

관계가 결핍되고 소외된 예배를 주님은 기뻐하시지 않습니다. "너희는 세상의 소금이고 세상의 빛이다"(마5:13-14)라고 우리의 정체성을 확립해 주시는 주님의 말씀에서도 신앙은 관계라는 것을 입증해 줍니다. 주님은 "이 지극히 작은 자에게 한 것이 내게 한 것이다"(마25:40)라고 말씀하신 것만 보아도 우리가 얼마나 관계의 지평을 넓혀 가야 하는지를 알게 합니다.

우리 주변에 아벨처럼 소외된 사람은 없는지 주님의 눈으로 세상을 바라보아야 합니다. 관계를 잘하려면 잘못된 한 부분을 보고 전체를 판단하지 말아야 하고, 잘 된 한 부분을 보고 전체를 긍정적으로 볼 수 있어야 합니다. 내가 일만 달란트 빚진 자라는 인식은 모든 사람과의 관계를 깊어지게 하고 넓혀지게 합니다.

관계를 경시하는 사람은 관계를 중요하게 여기시는 하나님을 무시하는 것이 됩니다. 특히 약자는 철저히 무시하고 유명하고, 힘 있고, 교회가 크고, 돈 있는, 이런 강자들과만 관계를 맺으려 하며 사는 사람들이 있습니다. 우리는 약한 자에게 조금도 관심이 없는 시대에 살고 있습니다.

그러나 성경의 하나님은 언제나 약자 편입니다. 과부, 고아,

가난한 자, 약한 자, 나그네들을 언제나 챙기셨습니다. 하나님은 약한 자를 붙들어 쓰시어 강한 자를 부끄럽게 하십니다.

우리는 '우리 자신이 가인인지? 아벨인지?'를 끊임없이 묻고 살아야 합니다. 하나님과의 관계, 사람과의 관계 안에서 자신의 진짜 모습을 발견해야 합니다.

학생들은 시험을 보며 자신의 실력을 측정합니다. 신앙도 실력이 있어야 합니다. 신앙의 실력을 쌓아야 합니다. 실력의 다른 말은 성장과 성숙입니다. 태어났지만 성장이 없으면 비정상입니다. 성장하고 성숙했다는 것은 성령의 열매를 맺는다는 말입니다. 성령의 열매가 나타나지 않는다면 내 안에 성령님이 부재하시다는 뜻입니다.

성령의 열매 중 앞의 세 가지 사랑, 희락, 화평은 하나님과의 관계이고 오래 참음, 자비, 양선은 타자와의 관계이고, 충성, 온유, 절제는 자신과의 관계입니다. 한마디로 관계 안에 신앙의 본질들이 다 들어있는 것입니다. 그리고 그 관계는 약자에게 관심을 두는 부분부터 시작합니다.

전도사 시절, 경상북도 봉화군 석포면이라는 아연 탄광촌에 교회를 개척했습니다. 30년 전 그곳은 꽤나 규모가 큰 마을이었습니다. 인구가 4천 명 되고, 규모가 큰 장로교회가 하나 자리 잡고 있었습니다. 그 교회는 그 마을을 홀로 독점하고 있었습니다. 자기 교회 외에 어떤 교회도 세워지는 것을 용납하지 않았습니다.

그런데 많은 사람이 이곳에 교회를 하나 더 세워야 한다는 바람이 있었습니다. 그래서 여러 교단에서 개척을 시도했지만, 그 마을 전체를 독점하고 있는 그 교회가 텃세를 부리자 세워지는 교회마다 다 실패하고 철수하게 되었습니다.

선교의 차원에서 인구수와 비교하면 교회 한 곳만 있어서는 안 될 구조였습니다. 누군가 제게 그곳에 가서 개척하라는 권면을 해 주었습니다. 그래서 신혼인 아내와 둘이 집 하나를 빌렸습니다.

베니어합판으로 공간의 반을 막아 반절은 주인집이 쓰고, 반절은 저희가 사택과 교회로 사용했습니다. 예배실은 두 평도 못 되고, 강대상은 나무 각목과 합판으로 짜 만들고, 이렇게 교회는 세워졌습니다.

그때부터 그 마을 큰 교회에서 견제가 직간접적으로 시작되었습니다. 우리 교회는 철저히 약자였습니다. 그러나 주님은 약한 우리와 함께하시었습니다. 얼마 가지 않아 그 주인집을 사게 되었고 그 자리를 허물고 교회를 건축하였습니다. 그 후 하나님의 인도 아래 서울에 있는 모 교회의 부목사로 떠나게 되었습니다.

몇 년 전 그 석포소망교회가 그리워서 딸과 아내와 함께 방문했습니다. 감회가 새로웠습니다. 약할 때 강함 주시고, 약할 때 힘과 능력과 방패가 되어 주셨던 그 따스한 주님의 은혜가 생각나 눈물이 앞을 가렸습니다. 그래서 저의 인생 이력은 살아온 은혜이고, 살아갈 은혜입니다.

세월이 가면 1번도 5번 된다

어떤 집에 신혼부부와 어머니가 함께 살고 있었습니다. 신혼부부는 막 갓난아이를 하나 낳고 깨가 쏟아지게 살고 있었습니다. 어느 날 아들 부부만 집에 있는데 아내가 남편에게 물었습니다.

"자기야! 자기에게 나는 세상에서 몇 번으로 중요해?"

남편이 말합니다.

"그거야 당연히 당신이 1번이지."

아내는 신이 났습니다.

"그러면 두 번째는 누가 중요해?"

"그거야 우리 아기가 2번이지."

"그럼 그 다음은 세 번째 누가 중요해?"

"응, 당신을 낳아준 우리 장모님이 3번이지."

아내는 신이 나서 계속 물었습니다.

"자기야 그 다음은?"

"응, 4번은 우리 강아지 호떡이지."

"그럼 그 다음 5번은 누구야?"

남편은 한참 생각하다가 좀 미안했던지

"아! 그다음은 우리 어머니지."

그런데 마침 경로당에 갔다가 돌아온 시어머니가 아들 내외의 이야기를 듣게 되었습니다. 시어머니는 아들과 며느리가 하는 말이 기가 막혔습니다.

그날 밤 시어머니는 한숨도 자지 못했습니다. 자식을 키워봐도 소용없다는 생각이 들었습니다. 아들도 미웠지만 그렇게 유도하는 며느리는 더욱 미웠습니다.

한숨도 자지 못하고 엎치락뒤치락하며 뜬눈으로 날을 샌 시어머니는 냉장고 문에 쪽지 하나를 붙이고 나갔습니다. 아침에 일어난 며느리가 아침밥을 지으려고 냉장고 문을 열려고 하는데 쪽지 하나가 붙어 있었습니다. 그 쪽지에는 이렇게 적혀 있었습니다.

"1번 보아라. 5번은 경로당 간다."

그런데 그 후 며느리는 냉장고 문을 열 때마다 이런 생각이 자꾸 들었습니다.

"세월이 가면 1번도 5번이 된다."

사람이든 기업이든 누구나 1번을 향해 뛰어가고 1번이 되고 1번을 지켜내고자 모든 것을 다 겁니다. 그러나 세월이 가면 누구나 1번이 5번이 됩니다. 청년은 늙게 되고, 자식은 부모가 됩니다. 고운 얼굴은 검버섯 핀 얼굴이 되고, 잘 나가던 직장에서 퇴직해야 합니다.

어머니에게 자식을 맡겼던 청춘은 손자 손녀를 맡아 기르는 늙은 부모가 됩니다. 내가 가지고 있는 기업체도 자식에게 물려주고 은퇴해야 합니다. 세상에 영원한 1번이란 없습니다. 그러나 신앙의 세계에서는 영원한 1번이 있습니다. 하나님과 하나님의 말씀입니다.

고운 것도 헛됩니다. 돈도 물질도 나 죽으면 그 즉시 떠나고 나와 같이하는 것은 하나도 없습니다. '오직 하나님의 말씀으로 산 것'만 가지고 하나님 나라에 가게 됩니다.

예수를 믿는다는 것은 돈도 명예도 성공도 아닙니다. 오직 말씀으로, 믿음으로, 신앙으로 살아 승부하는 것입니다. 주님이 말씀하십니다. "서로 사랑하라." 서로 사랑하라는 이 말씀은 서로 '관계'하라는 말씀입니다. 그리고 그 관계는 할 수만 있으면 나보다 더 '약자'인 사람들과 '관계'하라는 뜻입니다.

여러분이 지금 1번으로 산다면 머지않아 반드시 5번이 될 날이 있습니다. 그러니 인생의 5번이라 여겨지는 약자에 관심을 가지십시오. 그 일이 하나님과 관계하는 일입니다. 그리고 하나님과 관계한 것만이 영원한 1번이 된다는 것을 기억하고 사셨으면 좋겠습니다.

말씀 들여다보기

창 4:10 주님께서 말씀하셨다. "네가 무슨 일을 저질렀느냐? 너의 아우의 피가 땅에서 나에게 울부짖는다."

신 14:29 당신들이 사는 성안에, 유산도 없고 차지할 몫도 없는 레위 사람이나 떠돌이나 고아나 과부들이 와서 배불리 먹게 하십시오. 그러면 주 당신들의 하나님은 당신들이 경영하는 모든 일에 복을 내려 주실 것입니다.

요 13:34 "이제 나는 너희에게 새 계명을 준다. 서로 사랑하여라. 내가 너희를 사랑한 것 같이, 너희도 서로 사랑하여라.

요 13:35 너희가 서로 사랑하면, 모든 사람이 그것으로써 너희가 내 제자인 줄을 알게 될 것이다."

05

에녹 - "동행"과 관계 맺음

에녹의 뜻은 '봉헌된 자', '바침'입니다

크로아티아 출신 미국 성공회 신학자인 미로슬라브 볼프는 그의 대표적인 저서인 『광장에 선 기독교』에서 말합니다. 기독교의 본질은 '상승'과 '회귀'이고 예수님의 승천은 '상승'이고 재림하실 것은 '회귀'라고 말합니다. 또한, 그는 모세가 시내산에 계명을 받으러 올라간 것을 '상승'으로 말씀을 받아서 회중에 돌아온 것을 '회귀'로 보았습니다.

상승은 하나님과의 만남을 통해 메시지를 받는 수용적 사건이고 회귀는 세상에서 메시지를 전파하고 실행하는 창조적 사건이라고 말합니다. 수용적인 상승이 없으면 세상을 변화시킬 수 있는 메시지를 받을 수 없고 창조적인 회귀가 없으면 실제로 세상을 변화시킬 수 없다고 강조합니다.[1)]

---

1) 미로슬라브 볼프, 광장에 선 기독교(출판: IVP, 2014).

그런데 이 상승과 회귀 사건은 하나님과의 관계가 없으면 불가능합니다. 그리고 하나님과의 동행이 없으면 상승과 회귀 사건은 일어나지 않습니다.

예수님을 믿고 거듭나 구원받은 사람의 특성은 주님과의 동행입니다. 그리스도인인데 주님과 동행하지 않는다면 주님의 참다운 제자가 될 수 없습니다.

동행은 관계를 맺어줍니다. 홀로가 아닌 더불어의 동행은 주도권이 주님께 있습니다. 에녹의 삶의 핵심된 특징은 하나님과의 동행이었습니다.

구약성서에서 어쩌면 지금도 마찬가지이지만 인간의 누릴 수 있는 최상의 복이 있습니다. 그 복은 무병장수, 땅과 토지, 자손의 번성이었습니다. 그런데 이런 것보다 더 큰 복이 있다고 생각한 사람이 있었습니다. 바로 에녹입니다. 에녹에게 있어서 최상의 복은 하나님과의 동행이었습니다. 다른 말로 말하면 에녹에게 있어서 복된 삶이란 하나님과의 관계의 차원에서 이루어지는 영적 교제임을 보여주고 있습니다.

우리가 믿는 하나님이 삼위일체라는 신비적 관계로 되어있듯이 하나님을 향한 우리의 신앙도 관계의 차원을 지닙니다. 하나님과 나와 이웃이 함께 가는 관계의 신앙을 지녀야 합니다. 관계를 떠난 삶과 신앙과 영성은 존재하지 않습니다.

그러면 언제부터 에녹이 하나님과 동행했을까요? 그가 아들 므두셀라를 낳고 난 다음부터입니다. 육십오 세에 그는 아들 므두셀라를 낳고 삼백 년 동안 하나님과 동행했다고 말합니다. 이 삼백 년이 중요합니다. 그 이전에는 그런 삶을 살지 못했는데 육십오 세에 아들을 낳고 인생의 변화가 찾아왔습니다. 영적 체험을 한 것이 분명합니다. 그의 삶이 하나님과의 관계가 밀착되었다는 표현으로 하나님과 삼백 년 동안 동행했다고 말하고 있기 때문입니다.

그를 근본적으로 변화시킨 시점은 므두셀라를 낳은 후부터입니다. 그리고 그는 아들의 이름을 비장하게 지었습니다. 그 이름의 뜻은 '창을 던지는 자' 그리고 '그가 죽으면 심판이 온다'라는 뜻도 있습니다. 이름의 뜻이 의미심장합니다.

에녹은 예언자로서 인류의 멸망에 대한 계시를 받았음이 분명합니다. 그 계시는 아들을 낳고부터입니다. 그런데 놀랍게도 노아의 홍수가 일어난 해와 므두셀라가 죽은 해가 같습니다. 므두셀라는 지상에서 가장 오래 산 사람입니다. 구백육십구 세까지 살았습니다. 이 사람의 나이에 의미가 있는 것이 아닙니다. 그가 죽으면 심판이 오는데 그렇게 오랫동안 하나님이 기다려 주셨다는 것에 핵심이 있습니다. 우리도 우리 자신이 죽으면 반드시 하나님의 심판대 앞에 서게 된다는 것을 기억하며 살아야 합니다. 그래야 주님과의 동행이 온전해질 수 있습니다.

에녹은 패악한 시대에 하나님의 말씀을 전하며 하나님과 동행하며 살았습니다. 동행한다는 것은 같이 간다는 뜻입니다. 같이 갈 때는 누가 주도권을 잡느냐가 중요합니다. 그런데 에녹의 삶에 있어서 주도권은 하나님께 있었습니다. 이 '주도권'이 중요합니다. 하나님과 동행하면서 자신이 주도권을 행사하려고 한다면 주님과의 동행이 바른 관계가 될 수 없습니다. 주도권은 주권으로도 해석할 수 있습니다.

오늘날 심각한 문제는 그리스도와 주 되심 곧 주님의 주권은 함께 가는 것인데 그리스도에만 치중한다는 것입니다. 반절의 고백만 드리는 것입니다. '주 예수 그리스도'인데 주님은 빠지고 그리스도만 믿습니다. 왜 그렇겠습니까? 나를 구원해 주시는 그리스도는 좋은데, 내 모든 것의 주인인 주님께 모든 주권은 드리고 싶지 않기 때문입니다. 주님을 믿어도 여전히 주권이 자신에게 있어야 한다는 것입니다. 더 늦기 전에 내 인생의 소유권을 주님께 넘겨 드리는 소유권 이전 등록을 마쳐야 합니다.

관계의 영성은 믿음과 사랑을 관계로 봅니다. 하나님과의 동행을 통해 형제와의 동행, 믿지 않는 자와의 동행, 피조물과의 동행에 균형을 맞추어 냅니다.

초대교회 교인들은 서로 교제하며 떡을 떼며 하나님과 동행하며 믿음의 공동체와 함께 갔습니다. 하나님과 동행하는 자는 반드시 형제와도 동행합니다.

주님은 우리와 동행하기 위해 영광된 보좌를 포기하고 낮고 낮은 땅에 오셔서 죄인인 우리와 상대하셨습니다. 우리 또한 기득권과 자존심과 자신의 이기심을 내려놓고 하나님과 동행하고 이웃과 동행해야 합니다. 그리고 동행은 주도권을 내가 행사하지 않는 것입니다. 하나님과 타인에게 주도권을 내놓아야 합니다.

결국, 인생 문제는 주도권 싸움에서 일어나고 그 과정에서 관계가 파괴되기 때문입니다. 날마다 죽는다는 말은 내 주도권을 내려놓고 산다는 것으로 번역할 수 있습니다. 그럴 때 모든 관계는 성공을 낳습니다. 그것이 하나님 나라를 공고히 하며 하나님 나라를 확장하는 일이기 때문입니다.

저희 아버지는 제가 스무 살 때 집에서 돌아가셨습니다. 아버지가 돌아가신 줄도 모르고 저는 아버지를 등에 업고 동네 큰길로 나와 택시를 잡아타고 군산의료원에 갔습니다. 그리고 의사 선생님에게 매달렸습니다. "우리 아버지를 살려 주세요"라고 사정했습니다. 그러나 돌아온 대답은 이미 돌아가셨다는 차디찬 대답이었습니다.

저는 돌아가신 아버지의 시신을 업고 다시 병원에서 나왔습니다. 택시를 잡아타고 동네에 내려 집으로 아버지를 업고 방에 모셔놓았습니다. 그리고 곧바로 제가 다니던 교회로 울면서 뛰어갔습니다.

목사님이 와서 기도해 주시면 아버지가 천국에 갈 것 같았습니다. 그때까지 아버지는 예수님을 모르는 채 돌아가셨기 때문입니다. 교회로 울면서 뛰어간 나는 교회 목사님 댁의 대문을 두드렸습니다. "목사님 저희 아버지가 돌아가셨어요. 오셔서 기도 좀 해주세요." 그러나 목사님은 "밤이 너무 늦어 내일 갈 터이니 돌아가라." 하시는 거였습니다. 전 너무 실망했습니다.

목사님이 당장 와 주실 줄 알았기 때문입니다.

동행은 시차가 없는 겁니다. 미루지 않는 것입니다. 언제나 고통과 아픔을 같이 경험합니다. 이것을 동행이라고 합니다. 커피 마시러 같이 갔다고 동행이 아닙니다. 예수님의 옷자락을 붙들고 있어도 마음이 없으면 구만리 떨어져 있는 겁니다. 그러나 구만리 떨어져 있어도 마음이 예수님께 있으면 가장 가까이에 있는 것입니다.

교회를 뒤로 하고 울면서 집에 오는데 얼마나 서글프고 맘이 아팠는지 모릅니다. 40년이 지난 지금도 기억이 생생합니다. 그런데 울며 집으로 뛰어가던 제 마음에 갑자기 이런 생각이 들었습니다. '내가 만일 목사가 된다면 어떤 사람이 나를 부른다 해도 언제 어디든 갈 거야! 설령 한밤중일지라도 가야지!' 그런데 정말 제가 목사가 된 것입니다. 하나님과 동행, 성도들과 동행, 언제든 진실하게 동행하는 그런 목사가 되고 싶습니다.

이번 일 잊고 우리 다시 시작해요

우리 교회에 기쁨이란 아이가 있습니다. 기쁨이가 터어나자 이 아이 부모들이 제게 이름을 지어달라고 했습니다. 이름 짓는 것이 쉬운 일이 아닙니다. 평생을 듣고 살아가야 하기에 매우 고민했습니다.

몇 날을 고민하고 생각하고 기도하며 마침내 이름을 지었습니다. 하나님과 사람에게 큰 기쁨이 되라는 뜻으로, '강기쁨'이라고 지어주었습니다.

우리 기쁨이가 맘도 얼굴도 신앙도 참 이쁩니다. 어릴 적부터 커서 어른이 되면 돈 많이 벌어 목사님 집 사주겠다고 말하는 기쁨이가 기특했습니다. 참 행복했습니다. 지금도 '찐'으로 그렇게 될 줄 믿고 살고 있습니다.

기쁨이가 초등학교 3학년 때 일입니다. 우린 서로 사랑합니다. 근데 한번은 주일 점심시간에 밥 먹으며 이야기하다가 그만 우리 기쁨이가 삐진 겁니다. 그리고 우는 겁니다. 그러더니 즉시 집으로 가버렸습니다. 제 말은 그게 아닌데 기쁨이가 오해를 했습니다. 그래서 그날 밤 맘이 좀 그래서 기쁨이한테 문자를 했습니다.

"사랑하는 기쁨아 목사님 말은 그게 아니야 맘 풀어. 사랑한다."

그랬더니 그날 밤 기쁨이로부터 답이 왔습니다.

"목사님 죄송해요!"

"전 목사님이 이 세상에서 제일 좋아요."

"이번 일 잊고 우리 다시 시작해요"

"목사님 사랑해요"

전 행복했습니다. 그리고 그날 밤 기쁨이와 저와의 이야기가 하나님과 저와의 이야기라는 깨달음을 주셨습니다.

온전하지 못한 우리, 그래도 여전히 사랑하시는 하나님 우리

아버지입니다. 여전히 난 널 사랑한다고 하십니다. 내가 잘못했는데도 먼저 다가오셔서 손 내미시며 살아갈 힘과 용기를 주시는 나의 아버지, 나의 하나님이십니다.

우리도 아빠 아버지의 사랑을 기억하며 다시 시작하면서 자비하신 하나님께 말해봅시다! 기쁨이처럼 말입니다.

"하나님 아버지 죄송해요! 아버지 사랑해요!"

"이번 일 잊고 우리 다시 시작해요."

생각해 보니 더 큰 은혜가 떠오릅니다. 우리가 이렇게 말하기 전에 먼저 말씀하십니다.

"애야! 이번 일 잊고 우리 다시 시작하자"

말씀 들여다보기

창 5:24 에녹은 하나님과 동행하다가 사라졌다. 하나님이 그를 데려가신 것이다.

마 5:40 너를 걸어 고소하여 네 속옷을 가지려는 사람에게는, 겉옷까지도 내주어라.

마 5:41 누가 너더러 억지로 오 리를 가자고 하거든, 십 리를 같이 가 주어라.

06

노아 – “믿음”과 관계 맺음

노아의 뜻은 ‘휴식’, ‘위안’입니다

운명에는 두 가지가 있습니다. 하나는 결정된 운명이고 다른 하나는 선택적 운명입니다. 결정된 운명은 부모, 형제, 남성, 여성…… 등이 있습니다. 선택적 운명은 결혼, 학교, 직장, 종교, 친구…… 등입니다.

사실 어느 것이 더 중요한가에 대한 의견은 분분할 것입니다. 저는 결정된 운명보다 선택적 운명이 더 중요하다고 생각합니다. 부모, 형제, 남성, 여성, 이런 결정된 운명은 선택된 운명을 통해서 얼마든지 극복 가능한 것이기 때문입니다.

특히 어떤 종교를 선택하느냐는 자신의 영원한 운명을 결정짓는 일입니다. 물론 하나님이 우리를 먼저 선택하셨지만 우리에게도 그 초청을 선택할 자유를 주신 것도 사실입니다. 노아의 시대나 예수님의 시대나 지금의 시대나 사람들은 생명과 구원과 영생을 얼마든지 선택할 수 있습니다. 그리고 그 선택은 우리에게 관계를 만들어 줍니다.

'노아' 하면 방주입니다. 보통 상식적으로 배는 바닷가에 지어져야 하는데 방주는 산 위에다 지어졌습니다. 그리고 백이십 년간 지어졌습니다.

산 위에서는 사람을 살리는 방주가 지어지고 있었습니다. 그러나 산 아래에는 먹고 마시고 시집가고 장가들고 쾌락과 폭력과 패악이 난무하는 세상이 펼쳐지고 있었습니다.

모세가 산 아래에 백성을 남겨 두고 이스라엘의 생명과 삶의 바탕이 되는 십계명을 받고 있을 때와 비슷합니다. 산 아래 이스라엘 백성들이 금송아지를 만들고 먹고 마시며 광란의 축제를 벌이던 상황과 매우 유사합니다.

우리는 이 시대를 꿰뚫어 볼 수 있는 예언자의 눈을 가져야 합니다. 먹고 마시고 장가드는 것이 죄는 아닙니다. 문제는 그들 속에 자신을 창조하시고 자신들의 주인이신 하나님께 조금도 관심이 없다는 것입니다. 하나님의 소리에 손끝만큼도 관심 없이 오직 자신의 욕망에 따라 살아가는 것이 문제였습니다.

아브라함 요수아 헤셸은 말합니다. "예언자는 철저하게 느끼는 사람이다. 예언자의 일이란 하늘이 어찌 보는가를 전하여 알리는 것이다. 예언자들은 꿰뚫어 보는 사람들이다. 하나님이 보시는 시각으로 꿰뚫어 보는 것이 예언자의 일이다. 예언이란 어떤 특수한 상황을 단순히 적용하는 일이 아니다. 예언은 오히려 역사 속에 어느 특정한 순간을 해석하는 것이다. 인간 상황을 하늘의 눈으로 이해하는 것이다. 그러므로 예언은 하늘의 눈으로 인간 실존을 주석하는 것이다.[1)]"

노아는 아브라함 요수아 헤셀이 말한 대로 세상을 꿰뚫어 보는 사람이었습니다. 하나님의 눈을 가지고 세상의 실존을 해석했기에 하나님에 대한 신뢰가 가능했습니다. 그래서 하나님께 대한 두터운 신뢰를 두고 믿음으로 방주를 지을 수 있었습니다. 노아가 믿음 없이 방주를 지었다면 하나님을 믿지 않지만 돈 벌기 위해 교회를 짓는 건축업자와 다를 바가 없었을 것입니다.

방주가 지어진 기간도 그렇습니다. 백이십 년은 짧은 세월이 아닙니다. 이 기간은 인간을 향한 하나님의 자비와 기다림의 시간이었습니다. 노아에게는 나무로 배를 만들지만 실제로는 믿음으로 방주를 짓는 인고의 세월이었습니다.

유람선은 돈으로 건조하지만 구원선은 믿음으로 건조하는 것입니다. 배의 설계도와 나무가 있다고 방주가 만들어지는 것이 아닙니다. 지금까지 홍수를 본 적 없고 앞으로도 그럴 것 같은 맑고 푸른 하늘이 펼쳐지고 있었습니다. 그런데 노아가 인류를 삼킬만한 홍수를 생각하며 방주를 짓는 동력은 무엇이었을까요? 그것은 그렇게 말씀하신 하나님의 신실하심을 믿는 믿음의 동력으로 가능했습니다.

노아의 방주는 하나님의 인내, 자비, 사랑, 심판이 서로 잇대어 지어지고 있었습니다. 산 아래는 죽음의 관계가 만들어지고 있었습니다. 반면에 산 위에서는 노아의 지휘 아래 구원의 관계

---

1) 아브라함 J 헤셀, 예언자(출판: 삼인, 2004).

가 만들어지고 있었습니다.

죄의 삯은 사망입니다. 여기서 '삯'은 로마 군인들이 복무하면서 곡물이나 의류 등 물품으로 월급을 받는 데서 유래 되었습니다. 산 아래서는 죄의 삯으로 사망이 다가오고 있었고, 산 위에서는 믿음의 삯인 구원이 다가오고 있었습니다.

우리는 의식주로 살아가지만, 또 한 가지 우리의 영원한 운명이 달린 믿음으로 사는 사람입니다.

여러분은 마지막 때를 바라보며 산 위에다 방주를 짓는 노아입니까? 아니면 먹고, 마시고, 즐기는 것을 행복으로 여기면서, 이것만을 축복으로 생각하면서 오직 이 세상에만 붙잡혀 사는 산 아래 사람들입니까?

맨땅에 교회를 세운다는 것은 정말 힘든 일입니다. 거기다 교회까지 건축한다는 것은 정말 힘듭니다. 노아의 교회 건축 또한 쉬운 일이 아니었을 겁니다. 공감합니다.

신혼 시절, 저희 부부는 일부러 시골에 교회가 없는 곳만 찾아다녔습니다. 오직 교회 개척에만 관심을 가졌습니다. 차가 없던 저희 부부는 아들 하은이를 태중에 두고 깊은 산에서 산삼을 찾듯 교회 자리만 찾아다녔습니다. 버스를 타고, 내려서 걷고, 또 걷고, 물어물어 마을에 도착하면 교회가 있는지 없는지부터 살폈습니다. 교회가 있으면 우리는 또 지친 몸을 이끌고 다시 다른 마을로 이동해야 했습니다.

만삭에 가까운 아내와 함께 교회를 세울 후보지를 찾고자 시골의 길과 밭두렁, 논두렁을 지치도록 걸었던 일이 생각납니다. 근데 그때는 힘든 것이 몸이지, 마음과 영혼은 꿈과 소망과 행복으로 가득했습니다.

젊고 순수한 때 묻지 않은 열정과 믿음이 있었던 시절이었기에 가능했습니다. 지금 이렇게 주님의 은혜로 살아갈 수 있는 것은 그때 경험했던 주님의 은혜가 기초가 되었기 때문이라고 생각합니다.

지금까지, 목회 삼십이 년 동안 세 번의 개척, 세 번의 교회 건축을 하고 살아왔습니다. 노아가 백이십 년 동안 교회 방주를 건축한 것에 비하면 아무것도 아닐 것입니다. 그러나 그 은혜를 우리에게 베푸신 하나님의 은혜를 생각하면 그 감격이 노아 못지않습니다. 오직 주님 한 분만으로 만족하며 살았던 젊은 날의 순수한 믿음이 그리워집니다.

유람선과 구원선

역사상 가장 큰 크루즈 선박인 '아이콘 오브 더 시즈(Icon of the Seas)' 호가 2024년 1월 27일 미국 플로리다 마이애미에서 승객을 태우고 첫 출항을 했습니다.

크루즈 회사 로얄 캐리비안 인터내셔널(Royal Caribbian Internationl)이 만든 이 크루즈 선박은 무게가 250,800톤에 달하고, 길이가 약 365미터(1,198피트)로 '타이타닉' 호보다 약 5배 더 크고, 니미츠급 항공모함보다도 큽니다. 핀란드 투르쿠 조선소에서 건조된 이 바하마 등록 선박은 세로로 세우면 높이가 380미터로 뉴욕 맨해튼의 엠파이어스테이트 빌딩 높이와 비슷하다고 하니 그 크기가 짐작이 갑니다. 하지만 2025년 8월이면 아이콘보다 더 큰 '스타 오브 더 시즈(Star of the Seas)'가 건조돼 가장 큰 크루즈의 왕좌를 내주어야 한다고 합니다.

'아이콘'은 20층 높이에 2,805개의 객실을 갖추고 있으며, 승선 인원은 승무원 2,350명을 포함해 8,000명(최대 만여 명)이라고 합니다. 내부 시설로는 7개의 수영장과 6개의 워터파크, 폭포가 쏟아지는 아쿠아 극장과 5층 높이의 울창한 숲을 구현한 센트럴파크, 40개가 넘는 레스토랑과 바 등 호화로운 부대 시설을 갖춰 하나의 조그만 섬을 연상케 합니다. '아이콘'은 또 가족 동반 여행객들을 위한 5인용 객실과 어린이 전용공간도 갖춰 가족이 함께하는 크루즈를 표방하고 있습니다.

이 세상 사람 모두가 이런 유람선을 타고 여행하는 것이 꿈일 것입니다. 그러나 아무리 호화스러운 유람선도 우리를 천국으로 태워다 주지는 못합니다.

노아가 만들었던 방주는 유람선이 아니고 구원선이었습니다. 아무리 크게 지었다고 한들 비좁고 생활하기에 불편했을 것입니다. 짐승은 울어대고 짐승들의 배변과 오물 냄새가 진동하였습니다. 창도 없고 천장에만 문이 있어 답답한 방주는 죽음의 물결과 사투를 벌이는 구원선이었습니다. 냄새나고 소란한 짐승들이 울어 댄다고 해서 방주를 타지 않으면 죽습니다. 또 홍수 기간에 나오면 죽습니다.

현대가 그런 시대입니다. 이 세상은 죄의 바이러스가 홍수처럼 세상을 뒤엎은 형국입니다. 요즘 신앙인의 모습은 십자가 없는 영광만을 추구하고 구원선이 아닌 유람선을 타는 신앙생활을 하고 있습니다.

문제는 대부분의 신자들이 자신이 구원선을 타지 않고 유람선을 타고 신앙생활 한다는 것을 축복으로 여기고 있다는 것입니다. 더욱더 쉬운 길, 더욱더 넓은 길을 찾아 나서고 있습니다. 교회도 더 크고 멋지고 모든 것이 갖추어진 곳에서 재미있게 신앙생활 하는 것이 축복이라고 생각합니다. 그러나 성경은 우리에게 좁은 길, 좁은 문, 유람선이 아니라 구원의 방주 곧 구원선을 타라고 말씀하십니다. 구원선만이 심판에서 유일한 탈출구입니다.

편한 신앙을 강조하는 시대입니다. 큰길, 쉬운 길을 권장하는 시대입니다. 어쩌면 핍박의 시대보다 더 구원받기 어려운 시대를 우리는 걸어가고 있는지도 모릅니다.

하나님이 세상을 이처럼 사랑하사 독생자를 주셨습니다. 노아 시대에는 하나님이 백이십 년을 기다려 주셨습니다. 우리를 지극히 사랑하시는 하나님은 우리 하나하나가 돌아올 때까지 일만 이천 년도 기다리십니다. 그러나 영원히 기다리시지는 않습니다. 시간이 얼마 남지 않았습니다. 주님이 오시기 전에 우리가 먼저 갈 수 있기 때문입니다.

하나님은 여러분이 유람선에서 내려 구원선으로 갈아타길 애타게 원하십니다. 영광의 길이 아니라 십자가의 길을 걸어 하늘 천국에 도달하시기 원하십니다.

여러분은 지금 무엇을 타고 있습니까? 유람선입니까? 아니면 구원선입니까? 좁은 길을 걸으십니까? 넓은 길을 걸으십니까? 머지않아 어떤 배가 진짜인지 어떤 길이 생명의 길인지 판명 날 것입니다. 인간은 모두 다 죽습니다. 언제, 어디서, 어떻게 죽는가는 아무도 모르고 오직 하나님만 아실 뿐입니다.

바울의 말처럼 두렵고 떨리는 마음으로 구원을 이루어 가시길 바랍니다.

말씀 들여다보기

히 11:6 믿음이 없이는 하나님을 기쁘게 해드릴 수 없습니다. 하나님께 나아가는 사람은, 하나님이 계시다는 것과, 하나님은 자기를 찾는 사람들에게 상을 주시는 분이시라는 것을 믿어야 합니다.

히 11:7 믿음으로 노아는, 하나님께서 아직 보이지 않는 일들에 대하여 경고하셨을 때에, 하나님을 경외하고 방주를 마련하여 자기 가족을 구원하였습니다. 이 믿음을 통하여 그는 세상을 단죄하고, 믿음을 따라 얻는 의를 물려받는 상속자가 되었습니다.

07

아브라함 - “순종”과 관계 맺음

아브라함의 뜻은 ‘백성의 아버지’입니다

오늘날의 관계는 입안에 넣고 씹다가 단물이 빠지면 뱉어 버리는 껌만도 못한 것 같습니다. 우리는 이런 관계의 시대에 살고 있습니다. 그래도 껌은 단물이 빠져도 어느 정도 입 안에 붙어 있기도 합니다. 그러나 오늘의 관계는 달면 삼키고 쓰면 뱉어 버립니다. 이익이 되면 관계가 유지되고 이익이 발생하지 않으면 끊어 버리는 냉정한 시대에 살고 있습니다.

어떤 사람은 관계는 쉽게 만드는데 얼마 가지 않아 단절되는 사람이 있습니다. 또 한편으로는 관계를 맺는 것이 어렵지만 한번 맺은 관계는 끝까지 지키는 사람도 있습니다.

아브라함은 한번 맺은 관계를 끝까지 지켜내는 사람입니다. 관계를 잘 맺고 살려면 유지비가 필요합니다. 인내, 용서, 관용, 섬김, 사랑…… 등의 비용을 지불해야 합니다.

아브라함은 관계를 위해 큰 비용을 지불한 사람입니다. 하나님과의 관계를 위해 고향, 친척, 아비 집을 떠나야만 하는 비용을 비싸게 지불해야 했습니다.

관계를 중요시하지 않는 사람은 영적 수전노입니다. 관계 맺음과 관계유지와 관계발전을 위해 조금도 비용을 지불할 마음이 없기 때문입니다.

아브라함은 관계에 성공해서 믿음의 조상이 된 사람입니다. 사람과의 관계를 소중히 여기고 하나님과의 관계를 소중히 여겼습니다. 사람과의 관계는 관용과 이해와 사랑으로 맺어지고 유지됩니다. 하나님과의 관계는 믿음과 기도와 순종으로 더 깊이 확대되고 강화됩니다.

그러나 인생을 살다 보면 관계에서 오는 섭섭함과 배신감이 다가올 때가 있습니다. 아브라함도 그랬습니다. 아브라함은 롯의 큰아버지입니다. 자식이 없는 아브라함은 아버지가 없는 롯을 친자식처럼 길렀습니다. 그리고 롯은 아브라함 덕분에 갑자기 크게 부유해졌습니다. 그러다 보니 양과 소와 염소와 낙타 등 재산은 많아지는데 목초지는 협소했습니다.

결국, 두 사람 사이에 종들이 대리전을 하고 아브라함은 결단합니다. 주도권, 즉 선택권을 조카 롯에게 줍니다. 롯은 당연하다는 듯 먼저 선택권을 부여잡았습니다. 그러나 아브라함은 그에게 모든 선택권을 양보하는 관계의 영성을 보여주었습니다.

롯이 소돔으로 떠나고 하나님이 소돔을 멸하시려 했을 때도 조카 롯을 구하기 위해 하나님께 사정하였습니다. 하나님은 그러한 아브라함을 생각하사 소돔을 멸하실 때 롯을 정상 참작해 주셨습니다. 관계를 소중히 여기는 아브라함을 기특하게 생각하신 것입니다.

그러나 아브라함의 신앙의 정점은 뭐니 뭐니 해도 '아케다 사건'입니다. 곧 이삭을 제물로 드리기 위해 이삭을 결박하여 제물로 드리는 순종의 사건이었습니다. 순종은 순종을 낳습니다. 믿음은 믿음을 낳습니다. 관계는 또 다른 관계를 낳습니다.

아브라함이 하나님에 대한 신뢰와 믿음과 순종을 드리자 아브라함에게도 이삭의 아버지에 대한 신뢰와 순종이 나타났습니다. 전해지는 이야기에서는 아브라함이 이삭을 하나님께 번제로 드리기 위해 아들 이삭을 밧줄로 결박하려 할 때 이삭이 아버지 아브라함에게 말했다고 합니다. "아버지 제가 도망가지 못하도록 저를 꽁꽁 묶어 주세요." 사실 모리아 산의 번제 이야기는 하나님과 아브라함과 이삭이 서로를 신뢰하고 순종하는 관계의 믿음 없이는 불가능한 일이었습니다.

우리 주님이 말씀하셨습니다. "내가 다시 올 때 믿음을 찾아볼 수 있겠느냐?"(눅18:18). 우리는 하나님께 순종하는 관계의 영성이 있어야 합니다. 또한, 아브라함처럼 내가 하나님보다 너무 사랑하고 온통 정신이 팔려있는 이삭을 발견해야 합니다. 그리고 내려놓을 수 있는 믿음과 순종이 필요합니다.

이삭처럼 아버지의 행위가 미쳤다고 반항하거나 밀쳐내거나 도망가지 않아야 합니다. 순순히 자신을 내어놓는 순종의 영성이 필요합니다.

또 하나 이삭의 결박을 풀어내시는 분은 오직 하나님이십니다. 제물의 결박을 아브라함이 풀 수 없습니다. 이삭도 스스로 풀 수 없습니다. 모든 문제는 하나님과의 관계에서 풀어나가야 합니다. 하나님이 이삭의 결박을 풀어주셔야 이삭이 삽니다.

여러분의 꽁꽁 묶여 있는 '아케다' 사건은 무엇입니까? 오직 하나님과의 관계로만 꽁꽁 묶여 있는 문제를 풀 수 있습니다. 바로 숫양이 예비 되는 것입니다. 내 인생의 해답인 숫양은 하나님이 준비하십니다. 여러분의 문제를 풀어주실 수 있는 하나님과의 친밀한 관계를 만드십시오.

이 사건의 핵심은 관계의 테스트였다는 것입니다. 이삭과의 관계보다 하나님과의 관계를 더 소중히 여긴 아브라함의 관계 승리였습니다. 그리고 아버지 아브라함을 끝까지 믿고 자신을 내어놓는 아들 이삭의 관계 승리이기도 했습니다. 그리고 아브라함과 이삭 모두에게 승리를 주신 하나님의 승리였습니다.

관계를 배우는 또 한 가지가 있습니다. 아브라함은 모리아의 사건을 통해 제사 곧 예배의 중요성을 실감했습니다. 제물이 동물이었을 때는 제물의 중요성을 간과합니다. 그러나 그 제물이 내 자식이라면 그 제사의 의미는 전혀 달라집니다. 아들을 죽이는 것보다 자신이 죽는 편이 낫습니다. 그러나 아브라함은 자신과 아들의 관계보다 하나님과 자신과의 관계가 더 중요하다고 생각했습니다.

하나님과의 관계가 더 깊은 친밀함 속으로 들어가려면 그분과의 관계를 가로막는 모든 것을 찔러야 합니다. 내 자아를 찔려야 합니다. 아브라함은 이삭의 목을 찌르려 한 것이 아닙니다. 실상은 자신의 목을 찌르려고 한 것 이상입니다. 부모에게 있어서 자식을 뛰어넘을 수 있는 것은 아무것도 없기 때문입니다.

제사에서 제물을 찔러 죽이듯 나 자신을 찔러 주님 앞에 드리는 예배가 회복되어야 진정한 예배자로 살 수 있기 때문입니다. 예배에서 레마로 들려지는 말씀의 칼로 나를 잡아야 합니다. 삶은 예배고, 예배가 곧 삶이기 때문입니다.

모든 신앙의 근거는 하나님과의 관계를 바탕삼아 이루어집니다. 그리고 하나님과 가장 좋고 빠른 관계의 길은 순종입니다. 순종이 제사보다 낫기 때문입니다.

주는 것이 받는 것보다 낫다

이웃 동네에 사는 한 가정이 우리 교회에 나오게 되었습니다. 그들은 초신자였기 때문에 예수 믿는 사람으로서 어떻게 행동해야 할지 아직 잘 모르는 상태였습니다. 게다가 이웃 동네는 워낙 불교가 지배적인 곳이었기 때문에 교회에 다니는 그들의 일거수일투족은 온 동네 사람들의 관심거리가 되었습니다. 그들은 이웃의 따가운 시선 속에서 살아야 했습니다.

어느 날 저녁 그 집 아버지가 나를 찾아왔습니다. 잔뜩 화가 나서 목에는 핏대가 서고 얼굴은 시뻘겋게 달아오른 모습이었습니다.

"왜 그렇게 화가 나셨어요? 누구하고 싸우기라도 했습니까?"

나는 다그치듯 물었습니다.

"아니요, 오히려 그 반대입니다. 제가 지금까지는 화가 나도 꾹 참았다고요. 예수 믿는 사람은 서로 사랑해야 한다고 목사님께서 늘 말씀하시지 않았습니까? 그런데 옆집 그 인간은 해도 해도 정말 너무 하지 뭡니까? 도대체 제가 어떻게 해야 할지 말씀 좀 해주십시오. 목사님은 그래도 목사님이니까 뭔가 답이 있지 않겠습니까?"

양 씨는 숨을 가쁘게 쉬며 씩씩거렸습니다. 우선 그를 진정시키는 일이 급했습니다.

"무슨 일인지 차근차근 말씀해 보십시오."

양 씨는 깊이 숨을 몰아쉰 다음 이야기를 시작했습니다.

"오늘 오후에 우리 어미돼지 다섯 마리가 옆집 채소밭에 들어가서 그 집 채소를 몽땅 먹어치웠거든요. 그랬더니 옆집에서 손해배상을 해달라고 하더라고요."

"그야 당연히 배상해야지요."

나는 자신 있게 대답했습니다.

"저도 손해는 배상해 주려고 했지요. 그런데 그 인간이 말도 안 되는 거로 요구하지 뭡니까!"

"도대체 옆집 분이 원하는 게 뭔데요?"

“글쎄, 우리 어미돼지 다섯 마리를 전부 달라는 겁니다!”
양 씨는 다시 화가 치밀어 오르는 듯 소리를 버럭 질렀습니다.

“아무리 예수 믿는 사람이라도 이런 경우에 화가 안 나는 놈이 어디 있겠습니까. 예?”

양 씨는 씩씩거리며 내 대답을 기다렸습니다. 나는 무슨 말을 해주어야 할지 생각하다가 입을 열었습니다.

“그 옆집 사람은 형제님을 시험해 보려고 그러는 것 같습니다. 그 사람은 형제님이 마구 흥분하고 화내기를 바랄 거예요. 그렇게 되면 예수 믿는 사람이 얼마나 형편없는지 온 동네 사람들에게 보여줄 수 있으니까요. 그러니까 그렇게 하지 못하게 하려면 그가 원하는 것을 모두 다 주셔야 합니다. 큰 손해를 입게 되더라도 걱정하지 마십시오. 하나님이 더 많은 것으로 갚아주실 겁니다.”

내 말이 초신자 양 씨에게 설득력이 있었을까요? 양 씨는 양손을 허리에 얹고는 잠시 고민에 빠졌습니다.

“좋습니다. 어쨌든 저는 예수 믿는 사람이니까요. 아까는 정말 화가 났지만, 다 접어두고 하나님께 순종하겠습니다. 목사님께서 말씀하신 대로 하지요.”

그는 돌아갔습니다. 양 씨는 정말로 한마디 불평 없이 돼지 다섯 마리를 전부 옆집에 주어버렸습니다. 동네 사람들은 모두 깜짝 놀랐습니다.

“양 씨가 미친 거 아니야?”
많은 사람이 양 씨를 비웃었지만, 그중에는 양 씨의 태도를 보고 사뭇 진지해지는 사람들도 있었습니다.

"아! 예수 믿는 사람은 저렇게 하는구나."

그것은 여름에 일어난 일이었습니다. 그는 그 사건을 까맣게 잊어버렸습니다. 나뭇잎이 곱게 물들어 가던 어느 가을날 밤, 양 씨가 내 방문을 두드렸습니다.

"목사님, 밤늦게 죄송합니다. 꼭 드릴 말씀이 있어서요. 전에 제가 목사님의 말씀을 따르기는 했지만, 사실 속으로는 굉장히 분했습니다. 그래서 옆집 사람이 한 짓을 오랫동안 잊지 못하고 있었거든요. 그런데 오늘 아침에 엄청난 일이 벌어졌지 뭡니까? 글쎄, 옆집 황소 일곱 마리가 우리 집 밭에서 채소를 실컷 뜯어 먹고 있는 겁니다. 제 눈을 믿을 수가 없었어요. 그런데 옆집 사람이 그걸 보고 양심의 가책을 받았는지, 저한테 와서 난처한 얼굴로 이러는 겁니다. "양 씨, 어떻게 배상해야 할까?" 처음 생각 같아서는 그 황소 일곱 마리를 냅다 끌어오고 싶었지요. 하지만 목사님께 먼저 여쭈어보아야 할 것 같아서 이렇게 달려왔습니다. 목사님, 이제 제가 이겼지요? 그렇지요? 돼지 다섯 마리에 황소 일곱 마리라니, 목사님 말씀대로 하나님은 정말 제가 잃은 것보다도 더 많이 주셨습니다. 그렇지 않습니까?"

양 씨의 얼굴은 커다란 이익을 얻게 되리라는 기대감으로 빛나고 있었습니다. 그러나 나는 그의 기대를 저버릴 수밖에 없었습니다.

"사랑하는 형제님, 형제님은 예수 믿는 사람입니다. 악을 악으로 갚지 마십시오. 앙갚음하려는 마음을 버리시고 그분에게 용서하는 마음을 보여주십시오. 형제님이 하나님의 뜻에 순종할 때 하나님께서는 더 많은 것으로 갚아주신다는 것을 알게 될 것입니다."

양 씨의 얼굴이 갑자기 침울해졌습니다. 그는 올 때와는 달리 한마디도 하지 않고 맥 빠진 모습으로 돌아갔습니다. 그러나 다음 날 저녁, 양 씨는 또 한 번 신이 나서 나를 찾아왔습니다.

"목사님 말씀이 또 맞았어요! 하나님이 정말 더 풍성하게 주셨습니다. 어제 목사님이 말씀하신 대로 옆집 사람에게 아무런 배상도 받지 않았거든요. 그런데 오늘 오후에 그 사람이 돼지 아흔 마리를 끌고 우리 집에 왔지 뭡니까? 그러면서 하는 말이 "이 돼지 전부 자네 것일세. 내가 자네 때문에 지난밤에 한숨도 못 잤어. 지난번 일로 틀림없이 화가 잔뜩 났을 텐데, 왜 내 황소를 달라고 하지 않느냐 말이야. 내가 그걸 생각하느라고 머리가 다 빠개지는 것 같아. 자, 자네 돼지가 낳은 새끼 열여덟 마리씩 다 합해서 아흔 마리, 전부 데려왔으니 다 가져가게. 그리고 이제부터는 이웃끼리 잘 지내보세."라고 하더라구요."

양 씨는 예기치 않은 이 이야기를 듣고 흥분해서 나한테 뛰어온 것입니다.

"생각해 보세요! 별안간에 이렇게 많은 돼지를 되돌려 받은 것도 굉장하지만, 지금까지 옆집에서 그놈들 전부를 먹인 먹이를 생각하면 정말 하나님이 제가 손해 본 것보다 훨씬 더 많이 주셨지 뭡니까? 이제 저는 확실히 하나님을 믿습니다! 그런데 목사님, 이것보다 더 좋은 일이 뭔지 아십니까?"

좋아하던 양 씨의 표정이 진지해졌습니다.

"마을 전체가 저를 예수 믿는 사람으로 인정하게 된 겁니다. 이거야말로, 하나님께 받은 최고의 선물이 아니겠습니까?"[1]

이 글을 읽으면 너무 드라마틱해서 지어낸 이야기인지 사실 이야기인지 의문을 가질 수 있습니다. 그러나 이 이야기의 사실 여부는 그렇게 중요치 않습니다. 이솝이야기에서도 우리는 깊은 교훈을 받기 때문에 이 글에서 깨달음을 얻는 것이 중요합니다. 이 글의 핵심은 세 가지입니다. 하나는 '순종'이고 하나는 그리스도인으로 '인정' 받았다는 것이고 다른 하나는 이웃과 '관계가 회복'되었다는 이야기입니다.

순종과 인정은 하나님과 사람과의 관계를 새롭게 회복시켜 줍니다. 사울의 버림받음은 불순종에서 기인되었습니다. 사실 불순종은 자신의 욕심과 욕망에 기인한 것입니다. 사울이 버림받은 두 사건은 모두 다 예배와 관련되어 있습니다. 사무엘이 오기 전 제사한 것은 병사들을 의식한 것입니다. 아말렉과의 전쟁에서 소와 양을 살려둔 것은 하나님께 제사를 드리려고 한 것이라고 사울은 핑계한 것입니다.

둘 다 욕망과 욕심에 관련이 있습니다. 사람에 대한 인정받고 싶은 인정욕구와 물질에 대한 욕심입니다.

그러나 양씨의 이야기는 우리 모두에게 순종과 인정과 관계의 이해를 새롭게 해줍니다.

---

1) 김요석, 잊힌 사람들의 마을, p.29-35.

말씀 들여다보기

창 22:1 [이삭을 바치라고 명하시다] 이런 일이 있은 지 얼마 뒤
에, 하나님이 아브라함을 시험해 보시려고, 그를 부르
셨다. "아브라함아!" 하고 부르시니, 아브라함은 "예, 여
기에 있습니다" 하고 대답하였다.
창 22:2 하나님이 말씀하셨다. "너의 아들, 네가 사랑하는 외아
들 이삭을 데리고 모리아 땅으로 가거라. 내가 너에게
일러 주는 산에서 그를 번제물로 바쳐라."
창 22:9 ○그들이, 하나님이 말씀하신 그 곳에 이르러서, 아브
라함은 거기에 제단을 쌓고, 제단 위에 장작을 벌려 놓
았다. 그런 다음에 제 자식 이삭을 묶어서, 제단 장작
위에 올려놓았다.
창 22:10 그는 손에 칼을 들고서, 아들을 잡으려고 하였다.
창 22:11 그 때에 주님의 천사가 하늘에서 "아브라함아, 아브라
함아!" 하고 그를 불렀다. 아브라함이 대답하였다. "예,
여기 있습니다."
창 22:12 천사가 말하였다. "그 아이에게 손을 대지 말아라! 그
아이에게 아무 일도 하지 말아라! 네가 너의 아들, 너의
외아들까지도 나에게 아끼지 아니하니, 네가 하나님 두
려워하는 줄을 내가 이제 알았다."
창 22:13 아브라함이 고개를 들고 살펴보니, 수풀 속에 숫양 한
마리가 있는데, 그 뿔이 수풀에 걸려 있었다. 가서 그 숫
양을 잡아다가, 아들 대신에 그것으로 번제를 드렸다.

창 22:14 이런 일이 있었으므로, 아브라함이 그 곳 이름을 [a]여호와 이레라고 하였다. 오늘날까지도 사람들은 [b]'주님의 산에서 준비될 것이다'는 말을 한다.

* a 히, '아도나이이레(주님께서 준비하심)'
  b 또는 '주님께서 산에서 친히 보이신다'

창 22:15 ○주님의 천사가 하늘에서 두 번째로 아브라함을 불러서,

창 22:16 말하였다. "주님의 말씀이다. 내가 친히 맹세한다. 네가 이렇게 너의 아들까지, 너의 외아들까지 아끼지 않았으니,

창 22:17 내가 반드시 너에게 큰 복을 주며, 너의 자손이 크게 불어나서, 하늘의 별처럼, 바닷가의 모래처럼 많아지게 하겠다. 너의 자손은 원수의 성을 차지할 것이다.

창 22:18 네가 나에게 복종하였으니, 세상 모든 민족이 네 자손의 덕을 입어서, 복을 받게 될 것이다."

08

하갈 – "광야"와 관계 맺음

하갈의 뜻은 '이주하다', '도망하다'입니다

사막과 광야는 비슷한 점도 있고 분명한 차이도 있습니다. 특히 광야는 신앙과 밀접한 관계가 있습니다. 모세가 사십 년을 보낸 곳도 광야이고, 이스라엘 백성들이 사십 년을 보낸 곳도 광야입니다. 더욱이 다윗도 십수 년은 광야에서 보냈습니다. 예수님도 공생애 시작 전에 광야에 들어가 사십일을 보내셨습니다.

이 모든 공통점은 하나님이 광야로 보내셨고, 그 광야를 통해 하나님의 사람들을 만들어 가셨다는 것입니다. 사막이 아니라 광야에서입니다. 그러면 사막과 광야의 차이를 아십니까?

사막은 생명이 살 수 없는 곳이지만 광야는 수분만 있으면 생존 가능한 곳입니다. 사막이 되느냐 광야가 되느냐의 분기점은 5~10%의 수분이 있느냐 없느냐로 결정됩니다. 그래서 광야에 내리는 이슬이 중요합니다. 대부분 동물이 새벽에 내린 이슬을 핥아먹고 생존을 유지합니다. 광야의 잡초와 생물들도 이 이슬을 먹고 자라고 생존합니다. 그런 면에서 볼 때 우리는 수돗물이 넘치게 쏟아지는 곳에 사니 얼마나 감사합니까?

몸의 70% 이상이 수분으로 되어있는 인간이 5~10%의 수분만 함유하는 광야에서 사는 것은 커다란 모험입니다. 게다가 광야는 한낮 기온이 40도까지 올라갔다가 밤에는 영하 10도로 떨어지는 극한지역입니다. 이런 지역에 들어가 산다는 것은 정말 생존이 힘든 일입니다.

그런데 하나님이 이스라엘 백성을 이런 광야로 몰아넣으셨습니다. 그것은 오직 하늘의 은혜만 바라보며 살아가는 훈련을 위한 것이었습니다. 하나님의 은혜 없이 살 수 없는 곳, 정말 하나님의 은혜로 살았다고 고백할 수밖에 없는 곳이 광야입니다. 이런 극한 상황에서 버티며 사는 방법은 하나님의 약속과 그분에 대한 신뢰뿐입니다.

이러한 광야로 '하갈'이라는 여인이 도망쳤습니다. 하갈은 사라의 몸종이었습니다. 그런데 사라가 아들을 못 낳게 되자 자신의 남편 아브라함에게 주어 자녀를 낳게 한 여인입니다. 그런데 문제는 하갈이 자신이 주인의 아이를 밴 것을 알고 여주인 양 교만해진 것입니다. 이런 하갈을 사라는 핍박했습니다. 그리고 하갈은 살고자 아브라함의 집을 뛰쳐나와 도망했습니다.

살자고 도망쳤던 곳이 알고 보면 죽으려고 찾아간 곳이나 마찬가지입니다. 하나님의 약속에 대한 사라의 성급한 판단이 그

가정과 인류의 불행의 씨앗을 심은 격이 된 것입니다. 씨받이로 써먹을 때는 언제고 또 내쫓는 이유가 마땅치 않습니다.

사라 입장에서도 할 말은 있을 것입니다. 몸종이 아이 하나 임신했다고 갑자기 기고만장하는 꼴을 보지 못하겠다는 것입니다. 어찌 되었든 하갈은 주인 사라의 학대에 못 이겨 살자고 도망쳐 나왔습니다. 사라도 하갈과 관계를 끊겠다는 것이고 하갈도 사라와의 관계에 연연하지 않겠다는 것입니다.

홀몸이 아닌 임신한 여인이 갈 곳이라곤 광야밖에 없었습니다. 하갈은 자신의 운명을 한탄하며 죽을 날만 기다리고 있었을지도 모릅니다. 근데 여기서 반전이 일어납니다. 자신이 섬겼던 주인의 하나님의 천사가 하나님의 전갈을 가지고 찾아온 겁니다. 하나님의 약속의 골자는 이런 겁니다.

"내가 네 씨를 크게 번성하게 해주겠다. 그 수가 많아 셀 수 없게 해주겠다. 그리고 아들을 낳게 해주겠으니 이름을 이스마엘이라고 하라. 하나님이 네 고통을 들으셨다."(창16:10-11)

참 놀라운 하나님이 아닐 수 없습니다. 사라에게 사람 취급도 받지 못해 쫓겨나 광야에서 죽을 인생에 하나님은 천사로 찾아오셨습니다. 그리고 그녀에게 꿈과 소망과 생존의 이유를 주신 것입니다. 그리고 설득하십니다. 네 여주인에게 다시 돌아가라 합니다. 죽을 만큼 싫은 무서운 여주인에게 다시 돌아가라고 한 것은 진짜 인생의 광야에 들어가라는 것입니다. 그리고 관계하라는 것입니다.

하나님이 관계를 중요시하시는 것은 그 관계를 통해 인간이

다듬어지고 새롭게 빚어지는 과정이기 때문입니다. 하나님의 섭리는 모든 관계에 작용하고 있기 때문입니다.

살다 보면 얼굴도 보기 싫은 사람도 있고, 말도 섞기 싫은 사람이 있을 수 있습니다. 이때 가장 쉬운 것이 관계를 끊어 버리는 것입니다. 그리고 마음에 미움과 분노를 안고 살아갑니다. 그러나 그러지 말라는 것입니다. 하나님의 백성은 관계로 다듬어지고 관계로 하나님의 나라가 확장되는 것입니다.

사람이 싫으면 거리를 둡니다. 그 사람이 싫은 이유는 관계를 통해 상처의 파편들을 맞았기 때문입니다. 이때부터 관계는 틈이 갈라지기 시작합니다. 그러나 관계는 거리를 두는 것이 아니라 거리를 주는 것입니다. 거리를 두는 것과 거리를 주는 것은 확연히 다릅니다. 두는 것은 한계를 정하는 일이지만 주는 것은 자유의 범위를 넓혀주는 것입니다. 하나님은 우리에게 거리를 두시는 분이 아닙니다. 우리에게 거리를 주신 분입니다.

사실 이스라엘의 신앙의 전성기는 애굽도 가나안도 아닌 광야였습니다. 앞에서 언급했듯이 사막과 광야의 차이는 5~10%의 수분으로 결정되어 진다고 말씀드렸습니다. 사막은 이슬로 살아갈 수 없는 곳이고 광야는 이슬만 내려도 살아갈 수 있는 곳입니다.

하나님은 우리를 훈련하실 때 사막으로 몰아넣으시는 분이 아닙니다. 죽이시는 분이 아니라 살리시는 분이라는 말입니다. 광야로 몰아넣으시고 구름 기둥과 불기둥으로 인도하십니다. 만나와 메추라기와 반석의 물로 우리를 인도하십니다. 혹시

100%의 하나님의 은혜와 응답이 없다고 서운해 하거나 불평하지 않습니까? 우리 인생에서 5~10%의 하나님의 은혜만 있어도 광야 같은 이 세상을 감사로 살아 낼 수 있습니다.

사람에게는 누구나 광야가 있습니다. 하갈의 관계 광야는 여주인 사라입니다. 사라도 마찬가질 것입니다. 하갈이 밉고 질투나고 싫을 것입니다. 서로가 불편한 동거입니다. 불편한 사람과 관계하며 살아가는 것은 힘듭니다. 그러나 하나님이 그렇게 하셨다면 우리는 그 속에서 관계의 실력 신앙의 실력을 쌓아야 합니다.

누구든 관계의 광야는 있습니다. 하갈을 사라와의 관계 속에 들어가게 하신 하나님이, 사라도 하갈이라는 관계 속에 들어가게 하십니다.

우리 모두에게는 죽은 관계인 사막도 있고, 가나안 같은 달달한 관계도 있습니다. 신앙의 실력은 교회에서 제자 훈련받는다고 제자가 되는 것이 아닙니다. 관계 속으로 들어가야 합니다.

여러분의 관계 광야는 누구이며 무엇입니까? 그 자리가 너무 힘들어 하갈처럼 도망가지는 않습니까? 하나님은 다시 돌아가 관계를 쌓으라고 말씀하십니다. 지금 광야를 걷고 있다면 진지하게 생각해 볼 필요가 있습니다.

지금까지 제 목회 32년에 부목사 시절만 빼고 3번 교회를 개척하고, 3번 교회 건축을 했습니다.

첫 목회는 금산에서 신혼과 함께 시작했습니다. 예배당은 집사님 외양간을 고쳐 사용하였고, 사택은 오랫동안 비어 있던 빈 집을 사용하였는데 잡초가 무성하고 수도도 없어 이웃집에서 물을 길어다 먹어야 했습니다.

지금 생각하면 광야였습니다. 근데 그때는 모든 것이 광야인데 광야로 보이지 않았습니다. 차가 없어 신혼여행 가방을 끌고 아내와 둘이 대전에 가서 감리사님을 뵙고 개척교회를 설립했습니다. 사례비도 없어 주님이 주시는 대로 먹고 살았습니다.

그때는 정말 '부름을 받아 나선 이 몸 어디든지 가오리라'였습니다. 아무리 좋은 환경에 살아도 불평이 있으면 그곳이 살기 힘든 사막입니다. 아무리 어려워도 구원의 감격과 믿음, 소망, 사랑, 사명으로 살면 그곳이 광야여도 가장 행복한 사역지라는 것을 늦게야 깨달았습니다.

인생의 광야에서 하나님과의 관계는 더욱 깊어집니다. 광야는 오직 하나님만 바라보고 살아야 합니다. 그리고 우리는 그 광야 속에서 다윗처럼 깨어진 인간이 됩니다.

그 결과 하나님과 사람을 진정성 있게 관계하는 신앙의 실력이 있는 사람으로 거듭나는 것입니다. 왜냐하면, 하나님과 함께 하는 것이 하나님이 나에게 하시는 그 일이 내게 형통한 일이기 때문입니다.

밭에 감추인 보화

고대 시대에는 자신의 보물이나 물질을 맡기어 놓을 만한 안전한 은행 같은 곳이 없었습니다. 그래서 사람들은 보화나 귀중품을 자신만 아는 곳에 감추고 살았습니다. 문제는 인간의 생명이라는 것이 몇 년, 겨칠, 몇 시에 멈출지 모르는 인생의 시계를 차고 살아간다는 것입니다. 그러다 어느날 갑자기 세상을 떠나는 것이 인생이라는 것입니다. 그러면 그 보화는 아무도 알 수 없는 땅에 묻히어 세월을 지낸다는 것입니다.

예수님이 천국을 이야기하시면서 "천국이란 밭에 감추인 보화를 찾는 이와 같다"라는 이야기로 천국의 속성을 말씀하셨다는 것입니다.

어떤 사람이 남의 밭을 소작하다가 땅을 파는데 곡괭이에 무엇인가 맞부딪히는 소리가 났습니다. 그래서 땅을 깊게 파보니 엄청난 금은보화가 숨겨져 있는 것을 발견했습니다. 이 농부는 가슴이 뛰었습니다. 일단 흙을 덮어 놓고 생각해 보았습니다.

이 당시 땅을 파다가 보물을 발견한 사람은 땅 주인과 이 분의 일 그러니까 반반씩 나누어 갖는 것이 관례였습니다. 그러나 이 농부는 그 보물 전체를 가지고 싶었습니다. 그래서 고민하다가 전 재산을 다 팔아 그 땅을 사기로 마음을 먹었습니다. 그리고 가산을 다 정리하여 그 땅을 다 샀습니다. 여기에 중요한 교훈이 담겨 있습니다.

이 농부가 필요한 것은 자기에게 그다지 실속 없는 땅이 아닙니다. 그 땅속에 묻혀있는 보물입니다. 그러나 보물만 살 수 없습니다. 그 땅을 사야만 그 보물이 전부 자기의 것이 되기 때문에 땅도 사야만 되는 것입니다. 말하자면 땅속의 보물과 그 땅은 하나로 묶여 있는 것입니다.

신앙생활도 이와 마찬가지입니다. 구원만 받으면 됐지 왜 힘들게 교회 생활을 해야 합니까? 구원과 교회는 땅과 보물이 하나로 속해있듯이 함께 엮여 있기 때문입니다. 교회는 죄인들이 모인 집단입니다. 루터의 말대로 "주님의 몸인 교회는 완전하면서 동시에 인간이 모인 곳이기에 불완전"합니다. 구원받은 사람이 혹은 구원받고자 하는 사람이 교회를 소중히 여기고 교회 공동체와 관계를 소중히 해야 할 이유가 여기에 있습니다. 현대인들은 땅은 필요 없고 그 땅속에 있는 보물만 다 가지려 합니다. 보물을 가지려면 땅을 먼저 사야 하는데도 말입니다.

교회는 관계하는 곳입니다. 하나님과의 관계 목회자와의 관계 성도들과의 관계하는 곳입니다.

오늘날 많은 사람이 교회에 실망하여 가나안 성도가 되고 있습니다. 교회에 실망하고 목회자에게 실망하고 성도들에게 실망하여 교회를 떠납니다. 그러나 우리는 알아야 합니다. 교회는 거룩한 사람들이 모인 곳이 아니라 죄인들이 모인 곳이라는 사실 말입니다.

밭에 숨기운 진주가 예수님이라면 그 밭은 교회입니다. 보물을 산다고 하는 것은 밭도 같이 산다는 것입니다. 다시 말해 예수님을 믿는다는 것은 교회의 일원이 되어 관계하는 신앙으로 산다는 의미입니다. 진주만 쏙 가져갈 수는 없는 것입니다.

여러분은 모든 것을 다 팔아 천국을 살 수 있는 믿음이 있습니까? 그리고 교회 공동체의 진정한 일원으로 관계하고 있습니까? 교부 키프리아누스는 "교회를 어머니로 여기지 않는 자는 하나님을 아버지로 여길 수 없다"고 말합니다. 이 시대를 살아가는 우리가 진지하게 새겨들어야 할 말입니다.

말씀 들여다보기

고전 12:12 [하나의 몸과 많은 지체들] ○몸은 하나이지만 많은 지체가 있고, 몸의 지체는 많지만 그들이 모두 한 몸이듯이, 그리스도도 그러하십니다.

고전 12:13 우리는 유대 사람이든지 그리스 사람이든지, 종이든지 자유인이든지, 모두 한 성령으로 [c]세례를 받아서 한 몸이 되었고, 또 모두 한 성령을 마시게 되었습니다.

*c 또는 '침례'

고전 12:14 몸은 하나의 지체로 되어 있는 것이 아니라, 여러 지체로 되어 있습니다.

고전 12:15 발이 말하기를 "나는 손이 아니니까, 몸에 속한 것이 아니다" 한다고 해서 발이 몸에 속하지 않은 것이 아닙니다.

고전 12:16 또 귀가 말하기를 "나는 눈이 아니니까, 몸에 속한 것이 아니다" 한다고 해서 귀가 몸에 속하지 않은 것이 아닙니다.

고전 12:17 온몸이 다 눈이라면, 어떻게 듣겠습니까? 또 온몸이 다 귀라면, 어떻게 냄새를 맡겠습니까?

고전 12:18 그런데 실은 하나님께서는, 원하시는 대로, 우리 몸에다가 각각 다른 여러 지체를 두셨습니다.

고전 12:19 전체가 하나의 지체로 되어 있다고 하면, 몸은 어디에 있습니까?

고전 12:20 그런데 실은 지체는 여럿이지만, 몸은 하나입니다.

고전 12:21 그러므로 눈이 손에게 말하기를 "너는 내게 쓸 데가 없다" 할 수가 없고, 머리가 발에게 말하기를 "너는 내게 쓸 데가 없다" 할 수 없습니다.

고전 12:22 그뿐만 아니라, 몸의 지체 가운데서 비교적 더 약하게 보이는 지체들이 오히려 더 요긴합니다.

고전 12:23 그리고 우리가 덜 명예스러운 것으로 여기는 지체들에게 더욱 풍성한 명예를 덧입히고, 볼품 없는 지체들을 더욱더 아름답게 꾸며 줍니다.

고전 12:24 그러나 아름다운 지체들은 그럴 필요가 없습니다. 하나님께서는 몸을 골고루 짜 맞추셔서 모자라는 지체에게 더 풍성한 명예를 주셨습니다.

고전 12:25 그래서 몸에 분열이 생기지 않게 하시고, 지체들이 서로 같이 걱정하게 하셨습니다.

고전 12:26 한 지체가 고통을 당하면, 모든 지체가 함께 고통을 한 지체가 영광을 받으면, 모든 지체가 함께 기뻐합니다.

고전 12:27 ○여러분은 그리스도의 몸이요, 따로 따로는 지체들입니다.

09

에서 – "은혜 경시"와 관계 맺음

에서의 뜻은 '붉다', '털이 많다'입니다

소홀과 무례 사이 어디쯤에 놓이는 관계가 있습니다. 호의가 지속되면 어느 순간부터 당연한 것으로 받아들이는 사람이 있습니다. 당연하게 여기는 그 순간이 관계의 첫 균열이 시작되는 지점입니다. 가깝고 친해지면 자신도 모르게 관계에 방심하는 횟수가 늡니다. 소홀과 무례는 항상 상대방이 느끼는 감정이라서, 나 자신이 알아차리게 되었을 때는 이미 늦습니다.

세상에는 흥정이 되는 게 있고 안 되는 게 있습니다. 물건 값에는 에누리라는 게 있어서 올렸다 내렸다 할 수 있습니다. 그런데 할인되지 않는 게 있습니다. 이를테면 대량 생산된 공산품이 아닌 단 한 점의 예술품 같은 것. 화랑에 전시된 작품을 살 때 가격을 흥정하거나 깎으려 들지는 않습니다. 미술품이 단지 상품이 아니라 작가의 혼이 스민 유일무이한 가치를 지녔다고 믿기 때문입니다.

관계도 유일무이합니다. 당신과 나의 관계는 다른 무엇으로 대체할 수 없고 흥정할 수 없는 절대성을 지니고 있습니다. 관계는 오래됐거나 새롭거나 상관없이 마땅한 제값을 지닙니다. 친분이 오래됐다고 관계를 중고품이나 복제품처럼 취급하는 사람들이 있습니다. 신선함이 없다고, 익숙하다고 소홀하고 무례하게 대합니다. 스스럼없음과 예의 없음의 경계가 구분되지 않을 때 관계는 파국을 맞습니다.[1)]

심정적으로나 실제적으로 보면, 에서가 야곱보다 더 나은 인간처럼 보입니다. 그 당시 사냥을 잘했다는 것은 그가 능력 있는 사람이라고 말할 수 있습니다. 현대인의 측면에서 보면 그는 야성미 있고 능력 있고 멋진 신랑감이라고 말할 수 있습니다. 굳이 인간적 단점을 들라면 본능에 취약한 사람이라고 말할 수 있습니다.

이에 반해 야곱은 활동에 소극적이지만 자신의 유익을 위해서라면 어떤 수단과 방법도 사용하는 전형적인 약삭빠른 인간이라고 할 수 있습니다.

그런데 왜 하나님은 장자인 에서보다 약점 많은 야곱을 통해 명실상부한 이스라엘을 만드셨을까? 하는 것입니다. 제가 생각하기엔 하나님의 은혜를 저버린 에서보다 그래도 단점이 있지만, 하나님의 은혜를 간절히 원한 야곱의 태도에서 드러나지 않

---

1) 림태주, 관계의 물리학(출판: 웅진 지식 하우스, 2018).

았나 싶습니다. 에서는 현실적인 축복에만 눈이 떠 있지, 보이지는 않으나 실재보다 더 실재적인 영적인 축복을 등한시했습니다.

하나님의 은혜는 다 값비싼 것입니다. 그런데 받는 사람인 우리가 그것을 값비싼 것과 값싼 것으로 나누어 생각합니다. 그리고 그 은혜를 대하는 태도에서 인생이 갈라집니다. 만약 여러분이 한 달 동안 공을 들여 값비싼 재료를 사서 선물을 만들어 누군가에게 주었는데 어느 날 그가 배가 고프다고 짜장면 한 그릇과 바꾸어 먹었다고 생각해 보십시오. 그 사람에게 대실망일 뿐 아니라 앞으로 그 어떤 선물도 주지 않을 것입니다. 에서의 태도가 그랬습니다. 하나님의 값비싼 은혜를 싸구려 은혜로 취급한 것입니다. 반면 야곱은 하나님의 은혜를 가장 귀한 것으로 인식했습니다.

하나님은 우리가 그분의 은혜를 대하는 태도를 보시고 따지십니다. 하나님과의 관계를 무시한 에서의 태도 속에서 우리의 태도를 들여다봅니다. 독생자를 아낌없이 십자가의 죽음에 내어주신 하나님의 은혜 앞에 눈물과 진한 감동으로 살지 못합니다. 그리고 그 구원의 감격으로 살아가며 하나님과의 관계의 영성을 유지시키는 데는 관심도 없습니다. 만약 우리가 하나님의 은혜와 사람과의 관계를 등한시하고 무시한다면 그 부메랑이 자신에게 돌아올 것입니다.

하나님이 자기 아들을 십자가에 내어주시고 만든 관계를 무시한다면 그것은 하나님의 은혜를 저버리는 행동일 것입니다.

관계를 오직 자신의 유익에 따라 설정하며 살아가는 것은 참된 그리스도인의 태도가 아닙니다. 하나님이 사람을 통해 일하신다는 것은 관계를 통해 일하신다는 말입니다. 하나님의 은혜를 팥죽 한 그릇보다 못한 취급을 하고 무감각하게 산다면 우리가 바로 에서입니다.

저는 하나님의 은혜로 저희 집안에서 처음으로 목사가 된 사람입니다. 믿음의 집안이 아니라 유교적인 집안에서 처음 예수님을 믿게 되었을 때의 그 기쁨은 지금도 잊을 수 없었습니다.

저는 그 은혜에 감사하여 목사가 되었습니다. 그래서 하나님이 아들을 주시면 제 아들도 목사가 되고 손자도 목사가 되는데 소원을 두었습니다. 주님은 저의 간절한 소원대로 아들을 목사로 만들어 주셨습니다.

결혼하고 아이를 갖기 전 아이들 이름부터 지었습니다. 아들 이름은 '하은'이, 딸의 이름은 '하영'이라고 지었습니다. 하나님은 그 바람대로 아들을 주셨습니다. 그래서 평생 하나님의 은혜를 잊지 말고 살라고 '하은'이라고 이름을 지어주었습니다. 딸은 평생 하나님의 영광을 위해 살라고 '하영'이라고 이름을 지어주었습니다.

나 같은 죄인이 용서함을 받아서 주님의 자녀가 되고 주의 종이 되었습니다. 그리고 자손에게 구원의 영적 재산을 물려줄 수 있는 은혜를 주셨으니 범사에 감사할 뿐입니다.

값싼 은혜와 값비싼 은혜

본회퍼는 말합니다.

> 값싼 은혜는 싸구려 상품이요,
> 떨이로 팔아버리는 사죄요,
> 떨이로 팔아버린 위로요,
> 떨이로 팔아버린 성례전이다.
> 값싼 은혜는 교회의 창고에 무진장 쌓여있어 언제나 손쉽게 무제한 제공하는 것과 같다.
> 한마디로 값싼 은혜는 대가나 노력 없이 얻는 은혜요,
> 계산이 이미 끝났기 때문에 영수증만 제시하면 모든 것을 언제든지 공짜로 가질 수 있는 것이요,
> 이것이 은혜의 본질이라고 가르치는 교회요,
> 이러한 교회는 세상의 죄를 헐값으로 덮어버린다.
> 사람들에게 죄를 뉘우치고 죄에서 벗어나길 바라지 않는다.
> 값싼 은혜는 하나님의 살아있는 말씀을 부정하는 것이요,
> 하나님이 말씀이 인간이 되었다는 사실 즉 성육신을 부정하는 것이요,

값싼 은혜란 죄인을 의롭다고 인정하는 것이 아니라 죄를 의롭다고 인정하는 것이다.
값싼 은혜란 우리 자신이 소유하고 있는 은혜요,
값싼 은혜란 참회가 없는 사죄요,
교회의 치리가 없는 세례요,
죄의 고백이 없는 성만찬이요,
개인적인 참회가 없는 사죄다.
값싼 은혜란 뒤따름이 없는 은혜요,
십자가가 없는 은혜요,
인간이 되시고 살아계신 예수님이 없는 은혜다.

값비싼 은혜란 밭에 숨겨져 있는 보물과 같다.
이를 발견한 사람은 집으로 돌아와 자신이 가진 모든 것을 팔아 기쁨으로 그것을 산다.
값비싼 은혜란 값비싼 보석과도 같다.
이것을 본 상인이 자신이 지닌 모든 물건을 주고 이를 얻는다.
값비싼 은혜란 그리스도의 통치다.
이를 위해 죄를 짓게 하는 눈을 뽑아 내버리기까지 한다.
값비싼 은혜란 예수 그리스도의 부름이다.
이를 위해 제자들은 자기 전부인 그물을 버리고 그분을 뒤따른다.
값비싼 은혜란 언제나 다시 추구해야 할 복음이요,
우리가 다시 간절히 구해야 할 은사요,

우리를 다시 두드리게 하는 문이다.
은혜가 값비싼 까닭은 따르기를 촉구하기 때문이요,
예수 그리스도를 따르기를 촉구하기 때문이다.
값비싼 은혜란 주님이 인간의 생명을 대가로 치르셨기 때문이요, 인간에게 생명을 선사했기 때문이다.
값비싼 은혜란 죄를 나무라고 죄인을 의롭다고 인정했기 때문이다.
값비싼 은혜란 무엇보다도 은혜가 하나님께 값비싸기 때문이요,
은혜를 부어 아들의 생명을 대가로 치르셨기 때문이요,
하나님에게 값비싼 것이 우리에게도 값비싼 것이 될 수 있기 때문이다. 그것이 은혜인 까닭은 하나님이 자기 아들을 귀하게 간직해 두지 아니하시고 우리를 위해 주셨기 때문이다.
값비싼 은혜란 하나님이 인간이 되셨다는 것이다.
값비싼 은혜란 예수님을 따르기를 촉구하는 은혜이며 괴로운 심령과 애통해하는 마음에 다가오는 사죄의 말씀이기 때문이다.
값비싼 은혜란 사람에게 예수님의 제자가 되는 멍에를 지우기 때문이다.
값비싼 은혜란 그것이 행위에서 벗어나기 때문이 아니라 제자 직으로의 부름을 무한히 강조하기 때문이다.
이것이 죄인을 의롭게 하는 비밀이다.

그러나 우리는 까마귀처럼 값싼 은혜라는 시체 주변에 모여들었고 거기서 우리는 예수님의 제자 직을 말살하는 독소를 빨아들였다.
우리는 언제나 값싼 은혜로 제자 직을 희생시켰다.
이 세상에서 값싼 은혜가 승리하고 말았다.
우리를 향한 우리의 값싼 은혜의 습격은 무자비했고 값싼 은혜라는 값싼 상품에 현혹되어 가장 소중히 여겨야 할 예수님의 부르심을 버렸다.
그로부터 순종과 제자 직을 실현할 능력을 상실하고 말았기 때문이다. 값싼 은혜는 많은 그리스도인을 파멸로 몰아갔다.
값비싼 은혜는 순수하며 그리스도 안에 나타난 하나님의 은혜다.
그리스도의 은혜를 겸손하게 찬양할 수 있는 자들은 복이 있다.
은혜를 제자 직으로 이해하는 자들은 복이 있다.
그리스도인이 된 것이 신비로운 은혜라는 말씀을 받아들인 자들은 복이 있다.

기억하십시오!

살아계신 그리스도가 없는 기독교는 반드시 제자 직이 없는 기독교로 남게 되며, 제자 직이 없는 기독교는 언제나 예수 그리스도가 없는 기독교로 남게 된다는 말입니다.[2)]

---

2) 본회퍼, 나를 따르라(출판: 대한기독교서회, 2010). 기록문화연구소 인용.

값비싼 은혜를 아는 자만이 하나님과 사람과의 진정한 관계의 영성이 형성됩니다. 뭐든지 값비싸게 산 물건과 싸구려로 산 물건에 대한 여러분의 태도를 비교해 보십시오.

하나님과의 관계, 사람과의 관계회복을 위해 우리 주님이 값비싼 대가를 지불하셨다는 것을 기억하시기 바랍니다. 이것을 안다면 신앙의 실력을 쌓은 것이 하나님과의 관계, 타인과의 관계라는 것을 알게 됩니다. 동시에 주님의 값비싼 은혜라는 것을 알게 될 것입니다.

말씀 들여다보기

창 25:29 ○한 번은, 야곱이 죽을 끓이고 있는데, 에서가 허기진 채 들에서 돌아와서,

창 25:30 야곱에게 말하였다. "그 붉은 죽을 좀 빨리 먹자. 배가 고파 죽겠다." 에서가 '붉은' 죽을 먹고 싶어 하였다고 해서, 에서를 [c]에돔이라고도 한다.

*c '붉은'

창 25:31 야곱이 대답하였다. "형은 먼저, 형이 가진 맏아들의 권리를 나에게 파시오."

창 25:32 에서가 말하였다. "이것 봐라, 나는 지금 죽을 지경이다. 지금 나에게 맏아들의 권리가 뭐 그리 대단한 거냐?"

창 25:33 야곱이 말하였다. "나에게 맹세부터 하시오." 그러자 에서가 야곱에게 맏아들의 권리를 판다고 맹세하였다.

창 25:34 야곱이 빵과 팥죽 얼마를 에서에게 주니, 에서가 먹고 마시고, 일어나서 나갔다. 에서는 이와 같이 맏아들의 권리를 가볍게 여겼다.

약 4:6 그러나 하나님께서는 더 큰 은혜를 주십니다. 그러므로 성경에 이르기를 "하나님께서는 교만한 자들을 물리치시고, 겸손한 사람들에게 은혜를 주신다"고 말합니다.

10

야곱 - "주도권"과 관계 맺음

야곱의 뜻은 '발꿈치를 잡다', '사기꾼', '책략가'입니다

인간은 하나님과 적대적인 관계이든가 화목적인 관계이든가 오직 둘 중에 하나입니다. 중립은 없습니다. 원래 인간은 모두 다 하나님과 적대적 관계였습니다. 그런데 예수님의 십자가가 하나님과 인간의 관계를 적대적 관계에서 화목적 관계로 돌려놓으셨습니다.

야곱과 에서는 적대적 관계입니다. 사람과의 적대적 관계는 자신을 너무 힘들게 만듭니다. 그렇다면 사람과의 적대적 관계를 어떻게 화목적 관계로 돌려놓을 수 있을까요?

다윗이 잘 쓰던 방법이 있습니다. 먼저 하나님과 상대하고 그 다음에 사람을 상대하는 것입니다. 하나님과 바른 관계를 통해 사람과의 관계도 풀 수 있는 것입니다.

야곱은 인생에서 샅바를 먼저 잡고 주도권을 쥐는 뛰어난 술

수를 지닌 인물입니다. 에서와 아버지를 속이는 것에도, 삼촌 라반 집에서 생존하며 자신의 몫을 지키고 챙기는 것에도 술수가 능했습니다. 이러한 야곱을 비난할 마음은 없습니다. 하나님도 야곱과 우리를 비난하지 않으시니 말입니다.

그러나 인생은 언제나 자신이 살바의 주도권을 먼저 잡을 수만은 없는 것입니다. 많은 재산과 아내들, 자식들과 고향 땅을 향해 가는 야곱은 자신의 한계를 느낍니다.

우리는 자신의 한계를 느낄 때 비로소 기도를 생각합니다. 기도란 자신의 무력감을 철저히 느끼고 경험하고 하나님을 찾는 믿음입니다. 이 지점에서 야곱은 자신의 무력감을 크게 가집니다. 야곱은 자신의 어떤 술수로도 에서와의 문제를 풀 수 없었습니다. 더욱이 사백 인을 거느리고 야곱을 죽이겠다고 들이닥치는 에서의 분노를 막을 수가 없었습니다. 그가 자신의 위기와 정면으로 직면한 자리는 얍복 나루터입니다.

인생은 피해 가는 것이 아니라 '직면'하는 것입니다. 그는 여기서 인생을 뒤돌아보며 두려워하고 머리가 터지도록 골몰하고 절망하고 있었을 것입니다. 이때 하나님이 사람의 모습으로 야곱에게 싸움을 걸어옵니다. 둘은 씨름했습니다. 이 씨름은 몸으로 하는 기도입니다. 한참 동안 부딪치고 나니 이 사람이, 사람이 아니라 하나님이라는 사실이 직감으로 스쳐 갑니다. 야곱은 본능적으로 이번이 마지막 살길이라고 생각했습니다. 그리고 죽을힘을 다해 싸우며 "자신을 축복해 주지 않으면 절대로 당신은 못 떠난다"라고 말합니다.

여기서 야곱이 말한 축복은 무엇이겠습니까? 더 부유하게 되는 것입니까? 아니면 무병장수나 땅이나 자손의 복입니까? 이미 장자권을 인수하고 아버지 이삭에게 축복을 받았는데 뭔 축복이 다시 남았을까요? 적어도 이 지점에서 야곱에게 축복은 에서의 분노를 가라앉히고 에서와의 관계가 회복되는 것입니다. 그렇게 보면 관계의 축복이 얼마나 크고 모든 축복의 기본 토대가 되는가를 생각해 볼 수 있습니다.

우리 속담에도 복 중에 가장 큰 복은 '인복'이라고 하지 않습니까? 인복은 바로 관계의 축복입니다. 야곱의 일생에서 이때처럼 관계가 얼마나 중요한가를 사무치게 경험한 적은 없었을 것입니다.

이 씨름 사건을 통해 야곱은 다리를 절게 됩니다. 하나님이 그의 환도뼈를 치셔서 위골시키셨기 때문입니다. 이제 야곱은 인생의 주도권을 하나님께 드렸습니다. 에서에게 주도권을 맡겼습니다. 그랬더니 기적이 일어났습니다.

밤새 천사와 씨름했으니 얼마나 지치고 몰골이 말이 아니었겠습니까? 옷은 찢어지고 절뚝거리며 걸어오는 야곱의 모습을 보며 에서는 분노가 가라앉았을 것입니다. 긍휼의 마음을 가지도록 하나님은 에서의 마음을 부드럽게 만지셨습니다. 한마디로 에서의 눈에 불쌍하게 보였다는 것입니다.

때론 인생을 절며 걷는 것이 축복일 수 있습니다. 주도권을 하나님께 드렸습니다. 하나님을 상대하고 사람, 곧 에서를 상대하니 모든 문제가 한순간에 풀어졌습니다.

우리도 인생을 살아가며 많은 고민과 기도와 염려와 포기 속에 살아갈 때가 있습니다. 정말 회복될까? 기적은 일어나는 것일까?

하나님은 어제나 오늘이나 동일하십니다. 성경 속에 갇혀있는 하나님이 아니라 오늘 우리 현장에서 역사하시는 하나님입니다.

하나님은 야곱과 에서의 적대적 관계를 화목적 관계로 돌려놓으셨습니다. 우리의 관계가 파괴적 또는 적대적으로 되는 것은 자신이 주도권을 행사하려는 탐욕 때문입니다. 주도권을 하나님께 드리면 기적이 일어납니다. 주도권을 타자에게 양보하면 관계가 회복되고 깊어집니다.

여러분의 주도권은 당신 자아입니까? 아니면 하나님입니까?

일산에 교회를 개척하고 건축을 하게 되었습니다. 순전히 하나님의 말씀에 순종하며 믿음으로 교회 건축을 시작했습니다. 돈이 없어서 할 수 있는 대로 저렴하게 건축해야만 했습니다.

건축업자가 교회를 다니는 집사님이라고 해서 믿고 계약했습니다. 싸게 해주는 조건으로 계약금을 절반 이상 주었습니다. 문제는 이 업자가 돈만 받고 기초공사만 해놓고 도망 다니는 거였습니다. 아침 일찍 건축업자 집에 가서 기다려도 만날 수가 없었습니다. 이리저리 피해 다니는 거였습니다. 참 외롭고 힘들었습니다. 사람을 상대해서 되는 일이 아니었습니다.

그래서 매일 저녁 오산리 기도원에 가서 하나님께 매달리며 기도했습니다. 주님이 자비와 은혜를 베풀어 주셨습니다. 건축업자가 돌아와서 교회 건축을 다시 시작하고 많은 우여곡절을 거치며 교회 건물이 완공되었습니다.

나중에 안 일이지만 이 건축업자는 몇 군데 건축 계약을 하고 돈만 받아먹고 도망갈 생각이었습니다. 그런데 주님이 우리를 가엾게 여기시어 이 건축업자는 우리 교회만 건축하고 다른 공사는 부도를 낸 채 잠적했습니다. 되돌아보면 하나님의 은혜 없이 한 순간도, 한 발짝도 걸을 수 없는 인생이었습니다.

인생이 어렵고 문제가 생기면 내 자신이 연약해집니다. 나 자신이 연약해져야 하나님께 절대 의존의 신앙을 가질 수 있습니다. 하나님께 대한 절대 의존을 가질 때 우리는 우리의 주도권을 온전히 주님께 드릴 수 있습니다. 그래서 바울이 말한 것처럼 우리가 약할 때 주님이 우리의 강함이 되어 주십니다.

지금이나 그때나 하나님과의 관계는 저에게 언제나 일 순위입니다. 저는 이 은혜를 경험한 것이 복이라 생각합니다.

베데스다 연못과 일등

베데스다라는 연못에 전설이 있었습니다. 가끔 천사가 내려와 물을 동하게 하는데 그때 누구든지 가장 먼저 들어가는 사람은 무슨 병이든 낫는다는 것입니다. 그러니까 1등으로 들어가는 사람은 무슨 병에 걸렸어도 치유된다는 것입니다.

이천 년 전이나 지금이나 일등만 살아남는 것은 불변의 법칙인가 봅니다. 여기도 저기도 오직 일등만 주목하고 일등만을 향해 달려가고 있습니다. 그래서 그런지 베데스다의 주변에는 각종 질병에 걸린 환자들로 가득했습니다.

그런데 불쌍하고 초라한 이들에게도 서열이 생기기 시작했습니다. 서로 먼저 들어가야 하므로 경쟁이 불가피했습니다. 평상시에는 서로의 아픔을 나누는 친구이자 이웃이었습니다. 그러나 물이 동하기 시작하면 친구는 경쟁자로 변하고 반드시 이겨야 할 대상이었습니다. 세상의 경쟁에서 밀려난 이들 속에 또 하나의 경쟁이 언제나 도사리고 있었습니다. 몸과 마음이 병든 것도 서러운데 여기서도 일등을 경쟁해야 하는 현실이 무섭기만 합니다.

세상은 건강한 자, 미남, 미녀, 똑똑한 사람, 능력 있는 자, 성공한 자, 부자를 주목합니다. 이것을 하나로 묶으면 일등만이 인정되고 살아남는 사회입니다. 그런데 이 베데스다에서도 일등만이 존재합니다. 2등 3등은 아무런 의미가 없습니다. 오직 일등만 치유의 혜택을 입고 기억될 뿐입니다. 그나마 가족의 힘을 빌려 먼저 들어갈 수만 있어도 다행입니다. 홀로 남겨진 병자에게는 베데스다는 이름만 자비의 연못일 뿐입니다.

그런 이곳에 인생을 반전시킬 수 있는 단 한 번의 기회도 잡지 못한 사람이 있습니다. 아니 꿈도 꾸지 못한 사람입니다. 그는 버려진 인생처럼 38년 동안 병자로 살아가는 불쌍한 인생이었습니다. 그런 그가 이제 그 베데스다에 누워 있었습니다. 그가 언제부터 이 베데스다에 희망을 두었는지는 모릅니다. 그는 오늘도 타성에 젖어 살아갈 뿐입니다.

남들이 일등을 해서 나았다는 간증 이야기가 씁쓸하게 들릴 뿐입니다. 내 이야기가 되어야 하는데 말입니다. 더 이상의 희망도 미래도 없던 베데스다의 꼴찌 인생에 주님이 찾아오셨습니다.

예수님은 일등으로 다가오는 사람을 고치지 않으셨습니다. 아니 움직일 수 없는 자에게 손수 찾아가 주셨습니다. 오히려 가장 힘없고 움직일 수 없는 자에게 먼저 찾아가셨습니다. 그곳에서 꼴찌 인생을 찾아가신 것입니다.

하나님이 우리를 먼저 사랑하셨지 우리가 먼저 사랑한 것이 아닙니다. 우리가 아직 죄인 되었을 때 하나님께서 그 아들 예수님을 보내셔서 우리에 대한 그분의 사랑을 확증시키셨습니다.

예수님은 그에게 물으셨습니다. "네가 낫고자 하느냐 네가 낫고자 하는 의지가 있느냐?" 그냥 "예"하면 됩니다. "제가 낫고자 합니다" 하면 됩니다. 그런데 그는 변명합니다. "나를 못에 넣어 줄 사람이 없고 다른 사람이 나보다 먼저 들어가 나에게는 기회가 없습니다."

우리에게 필요한 것은 단지 예수님을 만나는 기회가 필요할 뿐입니다. 그것이면 충분합니다. 우리도 언제나 주님 앞에서 변명합니다. 내게 능력이 없어서 내게 기회가 없고 나를 도와줄 사람이 없다고 말입니다.

주님은 능력이 많은 사람만을 사용하시지 않습니다. 부족해도 자신의 한계를 분명히 인식하고 그분을 의지하는 자를 사용하십니다. 더욱이 우리의 기회는 베데스다나 세상 다른 사람의 도움에 있지 않습니다. 오직 전능하신 하나님께 있을 뿐입니다.

예수님은 그 사람을 베데스다에 일등으로 들여보내시지 않으셨습니다. 그냥 말씀하셨습니다. 그분 자체가 능력의 근원이기 때문입니다. 더 이상의 변명도 이유도 필요 없습니다. 그저 나를 찾아오시고 나를 써주시는 주님께 감사하고 그분의 한없는 은혜를 바랄 뿐입니다. 변명하는 그 영혼을 불쌍히 여기시며 "네 자리를 들고 걸어가라" 하신 축복의 말씀이 우리 영혼에 깊게 각인되시길 바랍니다.

말씀 들여다보기

창 32:22 [야곱이 브니엘에서 씨름을 하다] ○그 밤에 야곱은 일
어나서, 두 아내와 두 여종과 열한 아들을 데리고, 얍복
나루를 건넜다.
창 32:23 야곱은 이렇게 식구들을 인도하여 개울을 건너보내고,
자기에게 딸린 모든 소유도 건너보내고 난 다음에,
창 32:24 뒤에 홀로 남았는데, 어떤 이가 나타나 야곱을 붙잡고
동이 틀 때까지 씨름을 하였다.
창 32:25 그는 도저히 야곱을 이길 수 없다는 것을 알고서, 야곱
의 엉덩이뼈를 쳤다. 야곱은 그와 씨름을 하다가 엉덩
이뼈를 다쳤다.
창 32:26 그가, 날이 새려고 하니 놓아 달라고 하였지만, 야곱은
자기에게 축복해 주지 않으면 보내지 않겠다고 떼를 썼
다.
창 32:27 그가 야곱에게 물었다. "너의 이름이 무엇이냐?" 야곱
이 대답하였다. "야곱입니다."
창 32:28 [b]그 사람이 말하였다. "네가 하나님과도 겨루어 이겼고,
사람과도 겨루어 이겼으니, 이제 네 이름은 야곱이 아
니라 [c]이스라엘이다."

*b 히, '그가'
c '하나님과 겨루다' 또는 '하나님이 겨루시다'

창 32:29 야곱이 말하였다. "당신의 이름이 무엇인지 가르쳐 주
십시오." 그러나 그는 "어찌하여 나의 이름을 묻느냐?"

하면서, 그 자리에서 야곱에게 축복하여 주었다.

창 32:30 야곱은 "내가 하나님의 얼굴을 직접 뵙고도, 목숨이 이렇게 붙어 있구나!" 하면서, 그 곳 이름을 [d]브니엘이라고 하였다.

*d '하나님의 얼굴'

창 32:31 그가 브니엘을 지날 때에, 해가 솟아올라서 그를 비추었다. 그는, 엉덩이뼈가 어긋났으므로, 절뚝거리며 걸었다.

11

레아 - "외로움"과 관계 맺음

레아의 뜻은 '암소'입니다

한 기자가 마더 테레사 수녀에게 질문했습니다. "수녀님 인간에게 가장 무섭고 힘든 것은 무엇이라 생각하나요?" 테레사 수녀는 "인간의 가장 큰 절망은 배고픔도, 질병도 그 어떤 것도 아니라 바로 '외로움'입니다."라고 말했다고 합니다.

사람은 누구나 다 때로는 고독하고 때로는 외로운 존재입니다. 그러면 고독과 외로움의 차이는 무엇이겠습니까? 고독은 자발적인 것이고, 외로움은 비자발적인 것입니다. 고독은 격려해야 하지만, 외로움은 벗어나야 할 것입니다. 고독은 자기 자신 안에서 만들어내지만, 외로움은 외부적인 것으로 타인이나 환경에서 소외되는 것입니다. 그런 면에서 레아는 고독한 여인이 아니라 외로운 여자입니다.

야곱에게는 네 명의 부인이 있었습니다. 그의 부인들은 서로 질투했고, 그로 인해 행복하지 못했습니다. 야곱은 레아에게서 여섯 명의 아들을, 라헬에게서 두 명의 아들을, 빌하와 실바에게서 각각 두 명의 아들을, 이렇게 열두 명의 아들을 낳았습니다. 레아와 라헬이 아들을 낳을 때마다 하나님의 위로와 은총을 노래합니다. 그들이 비록 대단한 삶을 살지 않았어도 자신들의 고단하고 힘든 삶에 하나님을 끌어들였다고 하는 것은 높이 평가해야 합니다. 이것이 신앙입니다. 내 삶의 모든 것에 하나님의 은총과 관계를 부여하는 것이 믿음입니다.

그러면 야곱의 네 명의 부인 중에 가장 불쌍하고 외로운 사람은 누구이겠습니까? 다 피해자이긴 하지만 레아가 가장 피해자일 것입니다.

라헬이 자신의 감정에 따라 남편 야곱을 대했던 것을 보면 야곱의 사랑을 독차지하고 살았던 것이 분명합니다. 그래서 불쌍한 리스트에 오르진 못합니다. 레아와 라헬의 두 여종도 그리 불쌍하지는 않습니다. 어찌 되었든, 종의 신분에서 야곱의 부인이 되어 신분 상승을 했으니까요. 그리고 야곱의 자녀를 낳아 이스라엘이라는 민족의 한 축을 이루었으니 말입니다.

문제는 레아입니다. 그녀는 아버지 라반에게도 소중히 여김을 받지 못했습니다. 야곱의 품삯에 끼워 팔리었으니까요. 명실상부한 야곱의 첫째 부인임에도 불구하고 남편과 잠자리를 하기 위해서 동생 라헬에게 허락받아야 했습니다. 이것저것 들여다보아도 남편에게 사랑받지 못하고 철저히 외면받는 여인이 분명했습니다. 레아는 고독한 게 아니라 외로웠습니다.

그러나 레아의 인생에 다행인 점은 그녀가 철저히 소외되면 소외될수록 하나님과의 관계가 정비례 되었다는 것입니다. 하나님과의 관계의 영성이 깊어졌다는 것입니다. 또한, 하나님은 이러한 레아의 '한' 많은 인생을 불쌍히 여기시어 자녀의 출산 축복으로 레아를 위로해 주셨습니다.

약점이 약점으로 끝나면 불행한 인생이 됩니다. 그러나 그 약점을 하나님을 향한 믿음과 소망과 사랑으로 끌어들이면 문제는 달라집니다. 곧 하나님을 자기 인생의 중심에 끌어들이면 인생은 얼마든지 역전될 수 있습니다.

야곱의 열두 명의 아들 중에 레아의 소생인 유다가 하나님의 선택을 받아 이스라엘 역사의 중심에 선 것은 전적인 주님의 은혜였습니다. 외로움 때문에 인간은 죄의 길로 갈 수도 있고, 하나님과 더욱 가까워질 수도 있습니다.

이 세상에서 가장 중요한 것은 하나님과 복된 관계를 맺는 것입니다. 아무리 큰 축복을 받았어도 하나님과 멀어졌다면 그것은 축복이 아닙니다. 그러나 반면에 고난과 어려움을 만나서 하나님과의 관계가 더욱 깊어졌다면 그것은 진정 축복입니다. 우리 인생의 모든 희로애락에 하나님을 끌어들이는 것이 지혜이고 불통을 형통으로 바꾸어 놓는 길입니다.

외롭습니까? 고독합니까? 삶이 고통스럽습니까? 하나님과의 관계를 통해 하나님의 깊은 위로를 받으시는 것은 어떻겠습니까?

구원의 감격을 회복하라

그랜드캐니언을 두 번 다녀왔습니다. 한 번은 부목사 시절이었던 1997년 청년 120명을 데리고 미국에 수련회를 다녀왔습니다. 연주회도 하고 동부 서부 여행도 했습니다.

다녀온 곳 중에 제일 기억이 남고 다시 가고 싶은 곳은 단연 그랜드캐니언이었습니다. 첫인상이 중요하다고 말합니다. '퍼스트 임프레션' 말입니다. 그랜드캐니언을 보자마자 저는 반했습니다. 정말 하나님이 만드신 자연 세계에 경탄하지 않을 수 없었습니다. 감동에 숨이 막힐 지경이었습니다. 청년들과 감탄하며 찬송가 '하나님이 지으신 모든 세계'를 부르는데 가슴이 울컥했습니다. 그리고 개척을 하고 20년의 세월이 흘렀습니다. 그 감격이 너무 커서 언젠가 꼭 다시 가겠다고 마음먹었습니다.

코로나가 오기 전 2019년도에 제가 담임하는 우리 교회 청년들을 데리고 다시 그랜드캐니언을 설레는 맘으로 찾았습니다. 그런데 두 번째 가니 첫 번째 가서 느끼고 감동했던 그 느낌이 아니었습니다. 여전히 웅장했지만, 그때의 그 감동이 아니었습니다. 어쩌면 열 번째 가면 버스 안에서 내리지도 않고 앉아있을지도 모릅니다.

구원도 마찬가지입니다. 처음 구원받았을 때 우리의 구원에 대한 감격은 기쁨 그 자체였습니다. 그러나 세월이 지나면서 우리의 감격은 시들어 가고 냉랭해졌습니다. 우리 주님이 말씀하신 것처럼 처음 사랑을 잃어버렸기 때문입니다.

구원의 감격은 언제나 신선하게 유지돼야 합니다. 그래야 이 땅에서 낙심하거나 절망하지 않고 승리의 삶을 살 수 있습니다. 사탄은 우리의 구원은 빼앗아 갈 수 없어도 구원의 기쁨은 빼앗아 갈 수 있습니다.

제가 처음 예수님을 믿고 하나님의 살아계심의 증표로 '방언'을 구했다고 말씀드렸습니다. 그리고 그 방언을 할 때마다 하나님과의 관계를 늘 생각하겠다고 말씀드렸고 곧바로 방언을 받았다고 말씀드렸습니다. 어떻게 얻은 방언인가요?

새로운 세계가 열리는 것 같았습니다. 처음에는 방언의 감격에 빠졌습니다. 앉으나 서나 방언으로 기도하고 기뻤습니다. 군대 가서도 어린 마음에 방언을 잃을까 봐 화장실에 가서 방언 기도를 했습니다.

그런데 제 마음이 점점 무뎌지고 변질되기 시작했습니다. 방언 자체보다 방언할 때 하나님이 함께하신다는 그 의미가 저의 방언 속에 언약으로 존재해야 하는 것이었습니다. 이것은 순전히 하나님과 저와의 일대일 관계의 표시였습니다. 그런데 어느 순간인가부터 이 감격이 사라졌습니다. 처음 사랑을 잃어버린 것 같아서 마음이 매우 아팠습니다. 그래서 베풀어 주신 은혜를 회복하려고 매일 애쓰고 있습니다.

구원의 감격을 잃지 않기 위해서는 주님과 연합하며 살아가야 합니다. 그리고 언제나 이 세상 지향적이 아니라 하나님 나라 지향적으로 살아야 합니다. 그리고 늘 십자가를 바라보며 주님의 은혜를 묵상해야 합니다. 우리가 살아가는 이곳은 우리가 영원히 있을 곳이 아닙니다. 이 세상은 잠시 왔다 가는 여행지입니다. 나를 사랑하사 나를 위해 죽으시고 내게 구원과 영생과 하나님 나라를 주신 주님과 관계 삼아 살아야 합니다. 그래야 외로움의 유혹을 이겨내고 구원의 감격을 유지하며 살아갈 수 있는 것입니다.

말씀 들여다보기

창 29:32 레아는 마침내 임신하여 아들을 낳았다. 그는 속으로 "주님께서 나의 고통을 살피시고, 나에게 아들을 주셨구나. 이제는 남편도 나를 사랑하겠지!" 하면서, 아기 이름을 [a]르우벤이라고 하였다.

*a '그가 나의 비참한 처지를 보셨다' 또는 '보아라, 아들이다!'

창 29:33 그가 또 임신을 하여 아들을 낳았다. 그는 속으로 "주님께서, 내가 남편의 사랑을 받지 못하여 하소연하는 소리를 [b]들으시고, 이렇게 또 아들을 주셨구나" 하면서, 아이 이름을 시므온이라고 하였다.

*b 히, '샤마'

창 29:34 그가 또 임신을 하여 아들을 낳았다. 그는 속으로 "내가 아들을 셋이나 낳았으니, 이제는 남편도 별 수 없이 나에게 [c]단단히 매이겠지" 하면서, 아이 이름을 레위라고 하였다.

*c 히, '라와'

창 29:35 그가 또 임신을 하여 아들을 낳았다. 그는 속으로 "이제야 말로 내가 주님을 [d]찬양하겠다" 하면서, 아이 이름을 유다라고 하였다. 레아의 출산이 그쳤다.

*d 히, '오다'

12

요셉 – “변화”와 관계 맺음

요셉의 뜻은 ‘하나님께서 더하신다’입니다

성 어거스틴은 요한은 예수님께 사랑받는 제자였고, 베드로는 예수님을 사랑했던 제자라고 했습니다. 누군가에게 사랑을 받는다는 것, 그것도 독점적인 사랑을 받는다는 것은 굉장히 위험스러운 일입니다. 좋은 작용이 아니라 부작용을 낳기 때문입니다.

진리와 사랑은 누구도 독점할 수 없습니다. 왜냐하면, 사랑은 누구나 받고 싶은 것인데 누군가 내 사랑까지 독차지한다면 그 누구도 좋을 사람이 없습니다. 그 사람이 의도했든 의도하지 않았든 타자에게 미움의 대상이 되기 때문입니다. 그리고 사랑은 가장 좋고 복된 것이기에 나누어야 합니다. 하나님은 사랑이십니다. 이 말은 누구도 하나님을 독점할 수 없고 나누어야 한다는 말입니다.

예수님이 제자들과 마지막 만찬에서 포도주와 빵을 떼어 주시면서 "이것은 내 피요 내 살이니, 받아 먹으라"(막14:22-24) 하셨습니다. 주님의 살과 피를 먹고 마신다는 것은 한 결속의 공동체로 우리를 삼위 안에 부르셨다는 말씀입니다.

사랑은 가장 위대하고 선한 것이기도 하지만 가장 위험한 것이기도 합니다. 정당한 사랑과 정당하지 못한 사랑, 골고루의 사랑과 편애하는 사랑은 서로 양립될 수 없는 것입니다. 누구도 사랑을 독점할 수 없습니다. 만약에 사랑을 독점할 수 있는 분이 있다면 그것은 하나님뿐입니다. 왜냐하면, 하나님은 사랑이시기 때문입니다.

그러나 사랑이 하나님은 아닙니다. 만약 사랑이 하나님이 된다면 그 사랑은 더는 사랑이 아니라 우상이 되어버리기 때문입니다. 그래서 하나님은 모두 다 사랑하십니다.

야곱은 요셉을 지나칠 정도로 편애했습니다. 아버지 야곱이 요셉을 편애하면 할수록 형들의 분노와 시기와 미움은 정비례해져 갔습니다. 사랑 자체가 좋은 것이지만 어떻게 쓰냐에 따라 독이 될 수도 약이 될 수도 있습니다.

이때 중요한 것은 편애하는 자가 바뀌는 것입니다. 그렇게 될 수 없는 상황이라면 사랑받는 자가 사랑받지 못하는 자를 위해 항상 주의하며 그들을 품어야 합니다.

그러나 요셉은 그만한 성숙과 배려를 갖기엔 너무 나이가 어렸습니다. 아버지의 편애는 요셉을 자만의 함정에 빠뜨렸습니다. 아시다시피 이 아버지의 편애는 형제의 관계, 아버지와 자식과의 관계를 깨뜨리는 불행의 시작이 되었습니다. 만약 하나님이 개입하시어 악을 선으로 바꾸시지 않았다면 이스라엘 역사는 존재하지 않았을지도 모르겠습니다. 그래서 성경 이야기는 하나님에 관한 이야기입니다.

요셉은 결국 형들의 미움을 받아 노예로 팔리게 되었습니다. 요셉이 노예로 팔려 가면서 무슨 생각을 했을까요? 여러분이라면 어떤 생각을 하셨겠습니까?

요셉은 한낮의 모래바람을 맞으며 두 발에 쇠고랑을 차고 두 손이 묶인 채 뜨거운 땡볕을 받으며 질질 끌려갔습니다. 애굽으로 끌려가는 요셉의 머릿속에는 무슨 생각이 들었을까요? 아마도 형들에 대한 원망, 아버지에 대한 그리움이 매우 컸을 것입니다. 그리고 자신의 동생답지 못했던 태도와 자기 자랑과 교만함 등이 뒤섞여 후회도 했었을 것으로 생각합니다.

요셉이 보디발 집에서 보인 모습과 감옥에서 보인 모습 그리고 애굽의 총리로서 형들을 대하는 태도를 보면 이전의 요셉이 아닙니다. 진정으로 거듭나고 변화된 요셉의 모습을 보게 됩니다.

어릴 적 집에서 아버지의 사랑만 받으며 살아갔던 요셉의 모습은 관계의 파괴자였습니다. 그러나 인고의 세월 속에 다듬어진 요셉의 태도와 모습은 변화되었습니다. 또 모든 사람과의 관계에 뿌리박은 영성의 소유자로 거듭난 것을 보게 됩니다. "환난은 인내를 낳고 인내는 단련된 인격을 낳고 단련된 인격은 소망을 낳는다"(롬5:4)라는 성경 말씀이 요셉의 삶 속에 잘 적용되고 있었습니다.

요셉이 철부지 소년에서 성숙한 장년으로 변화되었다는 증거를 성경에서 찾을 수 있습니다. 야곱이 죽고 보복을 두려워하는 형들을 위로하는 자리에서 요셉의 관계 신앙은 극치를 이룹니다.

요셉이 그들에게 말하였다. "두려워하지 마십시오. 내가 하나님을 대신하기라도 하겠습니까? 형님들은 나를 해치려고 하였지만, 하나님은 오히려 그것을 선하게 바꾸셔서, 오늘과 같이 수많은 사람의 생명을 구원하셨습니다. 그러니 형님들은 두려워하지 마십시오. 내가 형님들을 모시고, 형님들의 자식들을 돌보겠습니다." 이렇게 요셉은 그들을 간곡한 말로 위로하였다(창 50:19-21).

요셉은 '팔렸다는 의식'이 아니라 하나님이 나를 '보내셨다는 의식'으로 살았습니다. 요셉의 영성이 얼마나 변화되고 성숙되고 무르익었는지 알게 되는 대목입니다. 요셉이 형들에게 '지나온 세월 얼마나 힘들었고, 얼마나 고통스럽고, 이 자리까지 오기까지 얼마나 험한 세월을 보냈는지 아느냐'며 분노를 폭발할 수도 있습니다. 그리고 이제 와 사과 한마디로 모든 것을 덮으려고 한다고 말할 수도 있지만 그렇게 하지 않았습니다.

요셉 한 사람 때문에 집안의 관계가 파괴되었습니다. 그러나 이제 요셉 한 사람 때문에 형제간의 관계가 회복되고 형들과 하나님의 관계, 아버지와 형들의 관계가 회복되었습니다. 하나님이 원래 의도하신 아름다운 관계로 회복시켜 놓았습니다.

사건은 우리에게 깨달음을 줍니다. 그리고 그 깨달음은 우리에게 변화를 줍니다. '거듭났다'라는 다른 말은 '변화되었다'라는 말입니다. 요셉의 변화는 모든 관계를 회복시켜 놓았습니다.

빅터 프랭클은 아주 유명한 사람입니다. 그는 유대인 육백만 명이 죽은 나치 포로수용소의 가스실(gas chamber)에까지 들어갔다가 살아남은 사람입니다. 이후 그가 온 세계에 당시의 비참한 모습을 증거했습니다.

그는 정신과 의사입니다. 그는 그 많은 고난을 겪은 사람으로서 이렇게 말하고 있습니다. "인생에는 세 가지 중심적 가치가 있다. 그 첫 번째는 경험적 가치다. 누가 어떤 경험을 하든지 버릴 것이 없다. 자기가 만나는 사건마다 그 경험한 것은 소중히 여겨야 한다. 거기에 가치가 있다. 두 번째는 창조적 가치다. 어떤 경우에든지 새로운 일을 창조하는 창조적 가치를 잊어서는 안 된다. 마지막으로, 세 번째가 중요하다. 그것은 태도적 가치이다. 내 태도가 어떠해야 하는가 하는 태도적 가치, 이것이 매우 귀한 것이다"라고 그는 역설하고 있습니다.[1)]

그렇습니다. 대부분 사람은 환경의 지배를 받습니다. 그러나 성공한 사람은 환경의 지배를 받는 게 아니라 환경을 지배합니다. 환경을 탓하지도 않고, 환경을 원망하지도 않습니다. 성공적인 사람은 자기에게 주어진 현실이라고 하는 환경을 언제나

---

1) 빅터 프랭클, 빅터 프랭클(출판: 특별한 서재, 2021).

최선의 기회로 삼습니다. 이것이 주도적 인간입니다. 아무도 원망하지 않습니다. 내 책임을 남에게 돌리지 않습니다. '환경 때문에, 누구 때문에'라는 생각을 하지 않습니다. 모든 것은 내 책임입니다. 그렇게 받아들이는 그러한 태도와 자세가 인생을 성공적으로 이끌어 나간다는 말입니다.

요셉은 이 세 가지 가치를 보여준 인물입니다. 그럴 수 있었던 것은 그가 경험의 가치에서 창조적 가치로, 창조적 가치에서 태도적 가치를 실현하였기 때문입니다.

요셉 이야기의 초점은 고생 끝에 낙이 있다는 말처럼 고난을 이기고 총리가 되었다는 요셉의 성공담이 아닙니다. 이 이야기의 초점은 모든 일의 형통과 인간사의 승리는 하나님과의 관계에서 만들어지고 형성된다는 것입니다. 모든 형통은 하나님께 초점을 두는 데 있습니다.

결혼 생활과 목회 사역을 한 지 33년이 되었습니다. 결혼과 동시에 목회를, 목회와 동시에 결혼했기 때문입니다.

저는 장남으로 태어났고 엄하게 자랐습니다. 반면에 아내는 막내로 사랑만 받고 자랐습니다. 그런데 같이 살다 보니 맞지 않는 부분이 너무 많았습니다. 그때마다 저는 아내에게 지적질(?)하기 시작했습니다. 제가 보기에는 저는 잘못이 없고 아내의 잘못이 너무 커 보였습니다. 숱한 위기가 오가면서 결혼과 목회

33년을 지나보니 이제야 보였습니다. 변해야 할 대상은 아내가 아니라 저라고요. 제가 변해야 할 대상, 잘못의 대상이라 인정하니 많이 깨달아지고 변화되었습니다.

그리고 목회에서도 모든 관계의 부조화 원인은 그들이 아니라 저였습니다. 제가 죽지 못하고 자아가 너무 살아서 문제였습니다. 그런 자신을 보지 못하고 정의의 이름으로, 옳고 그름의 이름으로 의로운 척 살았습니다. 주님께 죄송하고 저와 관계했던 모든 사람에게 죄송한 마음이 듭니다. 아내, 자녀, 부모, 형제, 교우, 친구, 동역자…….

변해야 할 대상은 바로 저였습니다. 그렇게 생각하고 인정하고 살다 보니 관계가 회복되었습니다. 제가 많이 커진 느낌이 들고 주님이 좋아하시는 것 같아 이전보다 더욱 행복합니다.

심장과 같은 사람

히브리말로 마음이라는 단어는 '라브'라고 해서 심장이라는 단어와 같이 씁니다. 그러니까 몸에 있어서 심장이 굉장히 중요한 것처럼 영적인 세계나 정신적인 세계에서는 마음이 그만큼 중요합니다.

마음이란 단어인 '라브'는 말뚝과 집을 형상화한 문자로 되어 있습니다. 유목민에게 집은 텐트입니다. 텐트가 제대로 서려면 말뚝이 중요합니다. 텐트가 집의 구실을 하려면 말뚝이 없이는 바로 서지 못합니다. 마찬가지로 우리의 마음이 없으면 사람이 설 수가 없다는 이야기입니다. 심장이 없으면 사람이 살 수 없듯이 마음이 제대로 되지 못하면 그 사람은 사람답지 못하다는 말입니다.

자기의 심장 크기가 얼마만 한 지 다같이 주먹을 쥐어 봅시다. 그것이 자기의 심장 크기입니다. 주먹만 한 심장이 하루에 돌리는 피의 양이 이사할 때 사용하는 5톤 트럭 한 대 분량입니다. 이 작은 것이 얼마나 훌륭한 일을 합니까? 교회에는 이런 사람이 필요합니다. 유별나게 큰소리만 치고 다니지만 일한 것은 하나도 없는 분이 있습니다. 그러나 꼭 필요한 사람은 심장과 같이 작지만, 큰 일을 하는 사람입니다.

심장의 두 번째 특성은 갈비뼈 속에 숨어있다는 것입니다. 감추어져 있기에 드러나지 않습니다. 코는 드러내어 칭찬 듣기를 좋아합니다. "야! 그 사람, 코 하나 잘 생겼네!" 이 칭찬을 들으면 코는 좋아합니다. 그러나 심장은 평생 한 번도 칭찬을 듣지 못합니다. 누가 와서 얼굴처럼 마사지도 해주지 않습니다. 수고했다고 등 두들겨 주면서 격려해 주는 일도 경험하지 못합니다.

그러나 심장은 갈비뼈 아래서 그저 맡은 소임만을 부지런히 할 뿐입니다. 손도 쉬고 눈도 쉬는데 심장은 다른 기관들이 쉴 때 일만 합니다. 심장은 자기를 자랑하지도 않지만, 불평도 하지 않습니다. 또한, 심장은 게으름도 부리지 못합니다.

쉬지 않고 일하는 심장

어떤 분은 교회의 일을 열심히 합니다. 속장이나 구역장으로, 또한 여러 가지 봉사를 열심히 하다가 시험이 들어서 방학이 찾아옵니다. "목사님! 요즘 좀 쉬어야겠습니다."

그런데 그것이 하나님 보실 때 어떠하겠습니까? 심장을 생각하라는 것입니다. 심장은 쉬지 않습니다. 심장은 어머니 모태 속에서부터 쉬지 않고 뛰기 시작해서 하나님이 부르실 때까지 묵묵히 일합니다. 심장과 같은 마음으로 신앙생활을 한다면 바나바와 같은 귀한 일꾼이 될 것입니다. 바나바는 그 마음이 착하다고 성경이 증거합니다. 이 말씀 속에 담겨 있는 하나님의 음성이 무엇인지 깊이 생각해 보아야 할 것입니다.

피를 정화 시키는 심장

심장은 나쁜 피를 정화시킵니다. 정맥을 통해서 받은 피를 깨끗하게 해서 동맥으로 내보냅니다. 교회에서 심장과 같은 분들은 이런 일을 합니다. 따뜻한 마음을 가진 사람, 하나님의 심장, 그리스도의 마음을 가진 사람은 심장과 같이 정화력이 뛰어나신 분들입니다.

지금은 은퇴하신 어느 유명한 목사님이 목회할 때 그 교회 집사님 한 분이 찾아와서 "아무개 집사가 목사님을 욕하고 다닙니다." 하고 일러 주었습니다. 그 소리를 듣고 이 목사님이 조용히 그 집사님에게 말하셨다고 합니다. "집사님 앞으론 내 앞에 와서 그런 고자질은 하지 마세요. 내가 그런 이야기를 들으면 나도 인간이라 그분을 미워하게 됩니다. 예전처럼 그 집사님을 사랑할 수 없게 되니까 그런 말을 옮기고 다니지 마세요." 하더랍니다. 우리는 나쁜 소리를 들으면 그것을 잘 정화해서 아름답게 복되게 전해야 합니다. 부정적인 것도 그 성도가 들으면 긍정적으로 순화시키는 심장과 같은 성도가 되어야 합니다.

차별하지 않는 심장

심장은 차별하지 않습니다. 심장이 이렇게 말하는 것을 보았습니까? "귀는 보기가 싫어! 그래서 피를 보내지 말아야겠어!" 혹은 "발은 냄새가 나! 그래서 피를 보내지 말아야겠어!" 하면서 피를 안 보냅니까? 그렇지 않습니다. 똑같이 보냅니다. 뇌에도 귀에도 새끼발가락까지도 피를 다 보냅니다. 차별하지 않습니다. 바나바와 같은 마음을 가진 사람은 사람을 차별하지 않습니다. 넓은 마음을 가지고 있습니다. 누구든지 다 품습니다.

심장은 따뜻합니다

심장은 따뜻합니다. 그렇지요? 심장이 차면 사람은 병이 들거나 죽습니다. 심장이 따뜻해야 하듯, 사람의 마음도 따뜻해야 합니다.[2)]

그런데 어떤 사람은 찬바람이 쌩쌩 붑니다. 이런 분에게는 따뜻한 마음이 회복되어야 합니다. 그래야 사람답게 되기 때문입니다. 바나바의 마음이 바로 이런 따뜻한 마음이며, 겸손한 마

---

2) 김재남, 오늘을 사는 지혜와 사랑(출판: 신망애 출판사, 2002).

음입니다. 주께서 말씀하십니다.

“나는 마음이 온유하고 겸손하니 나의 멍에를 메고 내게 배우라 그리하면 너희 마음이 쉼을 얻으리니”(마11:29).

이런 마음을 가질 때 인간관계가 쉬워집니다. 이런 마음을 가질 때 인간관계는 부드럽게 돌아갑니다. 교회의 으뜸 일꾼, 일등 일꾼은 이와 같은 분이 되어야 합니다. 그래야 교회의 분위기가 영적으로 될 수 있습니다.

그러기 위해서는 우리가 변해야 합니다. 코나 입이나 손이나 발이나 외적으로 보여지는 것이 아니라 보이지 않지만 오늘도 묵묵히 자신의 사명을 따라 걸어가는 심장과 같은 사람으로 변해야 합니다. 모든 사람을 차별 없이 대하는 사람으로 변해야 합니다. 따뜻한 성품으로 변해야 합니다. 그리스도의 심장을 가진 사람으로 변해야 성숙한 그리스도인이 될 수 있고 참된 주님의 제자가 될 수 있습니다. 이런 사람이 빅 크리스천(Big Christian)입니다. 이 세상에는 빅 처어치(Big Church)가 아니라 빅 크리스천(Big Christian)이 많아야 합니다. 심장과 같은 사람이 빅 크리스천(Big Christian)입니다.

심장은 모든 것과 관계합니다. 언제나 좋은 관계입니다. 심장이 ‘수’ 틀린다고 가동을 멈추면 온몸의 기능이 다 죽습니다. 하루도 쉬지 않고 단 일 분도 쉬지 않고 일하며 불평하지 않습니다. 모든 신체에 피를 공급하면서 오늘도 숨어서 묵묵히 일하는 심장과 같은 빅 크리스천(Big Christian)이 그리워지는 세상입니다.

말씀 들여다보기

창 50:15 [요셉이 형들을 안심시키다] ○요셉의 형제들은 아버지를 여의고 나서, 요셉이 자기들을 미워하여, 그들에게서 당한 온갖 억울함을 앙갚음하면 어찌하나 하는 생각이 들어서,

창 50:16 요셉에게 전갈을 보냈다. "아버지께서 돌아가시기 전에 남기신 유언이 있습니다.

창 50:17 아우님에게 전하라고 하시면서 '너의 형들이 너에게 몹쓸 일을 저질렀지만, 이제 이 아버지는 네가 형들의 허물과 죄를 용서하여 주기를 바란다' 하셨습니다. 그러니 아우님은, 우리 아버지께서 섬기신 그 하나님의 종들인 우리가 지은 죄를 용서하여 주시기 바랍니다." 요셉은 이 말을 전해 듣고서 울었다.

창 50:18 곧 이어서 요셉의 형들이 직접 와서, 요셉 앞에 엎드려서 말하였다. "우리는 아우님의 종입니다."

창 50:19 요셉이 그들에게 말하였다. "두려워하지 마십시오. 내가 하나님을 대신하기라도 하겠습니까?

창 50:20 형님들은 나를 해치려고 하였지만, 하나님은 오히려 그것을 선하게 바꾸셔서, 오늘과 같이 수많은 사람의 생명을 구원하셨습니다.

창 50:21 그러니 형님들은 두려워하지 마십시오. 내가 형님들을 모시고, 형님들의 자식들을 돌보겠습니다." 이렇게 요셉은 그들을 간곡한 말로 위로하였다.

13

다말 – “여호와 신앙”과 관계 맺음

다말의 뜻은 ‘종려나무’입니다

프랑스의 낭만파 시인이며 소설가 겸 극작가인 빅토로 위고가 쓴 『레미제라블』이라는 소설이 있습니다. 여기서 장발장은 빵 하나 훔친 것 때문에 19년간 감옥 생활을 했습니다. 그러나 그 정의로운 법적 처벌은 그를 변화시키지 못했습니다. 오히려 신부가 보여준 은혜의 원리가 그의 강퍅한 마음을 녹이고 새로운 삶의 길을 열어주었습니다.

그의 새로운 인간으로의 변화는 은혜로부터 시작되었습니다. 은혜만이 사람을 변화시킬 수 있습니다. 율법은 사람을 정죄하고 절망을 주지만 은혜는 사람을 변화시키고 살립니다.

신약성경에서 간음하다 현장에서 붙잡혀 온 여인이 있었습니다. 율법은 그 여인을 돌로 쳐 죽일 수 있어도 변화시킬 수는 없었습니다. 그러나 주님은 그녀를 용서하시고 받아주시어 새로운 인간으로의 삶을 주셨습니다. 우리에 대한 하나님의 사랑 자체가 이해 불가입니다. 그저 믿음으로 받아들일 뿐입니다.

그래서 은혜는 이해가 아닙니다. 믿음입니다. 이해돼서 믿는 것이 아니라 순종하고 믿으니 이해가 되고 은혜가 되는 것입니다. 신앙은 윤리나 도덕도 아닙니다. 윤리와 도덕을 포함하지만, 이것을 뛰어넘기도 합니다. 아브라함을 도덕적으로 윤리적으로 보면 자신의 신앙을 위해 아들을 번제로 바치는 비정한 아버지로 볼 수 있습니다.

다말의 경우도 이에 못지않습니다. 창녀로 변장하여 시아버지를 유혹해서 성관계를 했습니다. 그리고 아들을 낳았습니다. 이런 여자가 어떻게 이스라엘에 편입될 수 있습니까? 더욱이 메시아 예수님의 족보에 올라간 것을 생각하면 참 놀랍습니다. 윤리적으로 보면 비난받고 돌 맞아 마땅합니다. 그러나 그 동기와 의미, 신앙을 보면 다말의 위험한 시도가 이해되기도 합니다.

다말은 이방 여자입니다. 이스라엘의 측면에서 보면 이방 여자가 이스라엘로 편입되는 것은 하늘의 별 따기처럼 어렵습니다. 유다의 가정 상황이 어찌 되었든, 이방 여자인 다말은 이스라엘의 주류인 유다의 아들과 결혼합니다. 그러나 결혼 생활은 불행했습니다. 남편이 죽고 시동생을 통해 자손을 이어가려는 시도는 불행과 함께 번번이 실패합니다.

문제는 왜 다말이 그렇게도 유다 가문에 집착했는가입니다. 자기 고향으로 돌아가 다시 재혼하면 되는데 말입니다. 왜 인고의 세월을 보내며 창녀로 위장하여 시아버지를 통해 꼭 핏줄을 이어가야만 했는가입니다.

세상적인 관점에서 보면 참 무모한 일입니다. 또 그럴 가치가 없는 어리석은 행위로 보입니다. 유다 가문과 그렇게 관계를 유지하려고 했던 이유는 무엇일까요?

비밀은 여호와 신앙에 있습니다. 그렇지 않고는 설명이 불가합니다. 다말이 시집을 와보니 아브라함과 이삭과 야곱으로 전수되는 축복을 발견했습니다. 하나님의 위대한 축복과 섭리가 그 가정에 숨겨져 있는 것을 발견한 것입니다. 다말이 집착한 것은 남편도, 시아버지 유다도, 유산도 아니라 여호와 신앙이었습니다. 여호와 신앙과 여호와의 축복과 관계를 맺는 것이 그녀의 인생에서 최고의 축복으로 여겼습니다.

우리 주님이 말씀하셨습니다. "너희들의 진주를 돼지에게 주지 말라"(마7:6) 하십니다. 아무리 좋은 것이라도 그 가치를 모르면 돼지에게 진주를 던져 주는 것과 마찬가지라는 것입니다. 그러나 다말은 진주의 가치를 안 여자였습니다. 그래서 다말은 여호와의 신앙에 올인한 것입니다. 자신의 목숨도 나머지 인생도 다 팔아 진주나 보화가 묻혀있는 밭을 다 산 것입니다.

육적인 축복, 보이는 것만 바라보며 현실적 축복에만 매몰되어 있는 우리 시대의 사람들은 잘 이해하지 못합니다. 아니 결코 이해할 수 없습니다. 그러나 하나님은 다말의 행동보다 그 동기를 보셨습니다.

하나님은 현상 이전에 그 현상이 나타나야만 했던 동기를 보십니다. 다말이 유다와 동침한 것은 시아버지를 짝사랑한 것이 아닙니다. 정욕에 못 이긴 것도 아닙니다. 더욱이 쾌락을 위한 것도 아니었습니다. 오직 하나, 여호와의 신앙이 단절되지 않고 그 관계를 자자손손 지켜내고 싶은 신앙의 발로였습니다. 그래서 성경 기자도 다말의 행위를 돌로 치지 않고 예수님의 족보에 당당히 올려놓은 것입니다.

육적인 축복보다 영적인 축복, 보이는 이 세상보다 보이지 않는 저 세상, 썩는 것보다 썩지 않는 영원한 것을 사모하는 그 한 사람이 그리운 시대입니다.

주님은 보잘것없고 죄 투성이고 돼지같이 진주를 알아보지 못하는 이기적인 우리에게 올인 하셨습니다. 십자가는 우리에게 그렇게 말해줍니다.

여러분은 주님께 올인 하셨습니까?
당신이 올인 하는 것은 무엇입니까?
지금 바로 물어야 할 질문입니다.

친할머니가 생각납니다. 친할머니는 저에게는 참 인자하시고 잘해주는 할머니이지만 다른 사람에게는 무서운 할머니였습니다. 또 미신과 유교에 익숙했던 분이시라 교회를 무척 싫어하셨습니다. 근데 제가 예수님을 믿고 그 관계가 깨졌습니다.

하나님과의 관계가 새롭게 맺어지는 대신 할머니와의 관계가 일시에 무너졌습니다.

지금도 기억이 생생합니다. 신학교를 휴학하고 군대에 가기 전 할머니 댁에 인사하러 갔습니다. 근데 예전의 할머니가 아니었습니다. 마루에 앉은 나를 향해 꾸짖기 시작하셨습니다.

"네가 예수를 믿는다고! 이 나쁜 놈!"

할머니에게 예수님을 믿는 저는 나쁜 놈이 된 것입니다. 그래도 좋고 행복했습니다. 저 같은 죄인이 하나님의 가족에, 자녀에 편입되었다는 것이요!

줄서기(아담과 그리스도)

바울 사도는 아담을 '오실 자의 원형' 곧 그리스도의 원형이라고 말합니다. 아담과 그리스도의 유사점은 많은 사람이 한 사람의 영향을 받았다는 사실입니다. 그러나 극명한 차이점이 있습니다. 죄를 지은 아담의 동기는 그리스도의 죽음의 동기와 다르며, 아담의 죄의 결과는 그리스도의 죽음의 결과와는 완전히 다르다는 것입니다.

아담의 행위는 자기주장의 행위, 즉 자기만의 길을 가고 싶은 동기에서 비롯된 것이었습니다. 그러나 그리스도의 행위는 자기희생의 행위, 곧 아무런 자격이 없는 이들을 향한 은혜의 행위였습니다. 아담의 동기는 아집이었지만 그리스도의 동기는 자기희생이었습니다.

한 사람 아담의 죄가 많은 사람에게 사망의 무서운 형벌을 가져왔지만, 하나님과 예수 그리스도의 은혜는 많은 사람에게 영원한 생명(롬6:23)이란 값없는 생명을 베풀었습니다. 아담의 죄는 우리에게 정죄(카타크리마)를 가져다주었지만, 그리스도의 행위는 칭의(디아카이오마)를 가져다주었습니다. 다시 말해 한 사람 아담이 순종치 아니함(파라코에)으로 많은 사람이 죄인이 된 것같이 한 사람이 순종하심(휘파코에)으로 많은 사람이 의인이 된 것입니다.

두 행위의 동기를 보면 아담은 자기를 주장했던 데 반해 그리스도는 자기를 희생하셨습니다. 두 행위의 결과를 보면, 아담의 죄악된 행위는 정죄와 사망을 가져왔고, 그리스도의 의로운 행위는 칭의와 생명을 가져다주었습니다. 그리고 두 행위의 특성을 보면 아담은 법에 불순종했던 데 반해 그리스도는 법에 순종하셨습니다.

따라서 우리가 정죄를 받느냐 아니면 사느냐의 여부는 우리가 어느 인류에 속하느냐, 곧 아담으로 시작된 옛 인류에 속하느냐 아니면 그리스도로 시작된 새 인류에 속하느냐에 달린 것입니다. 바꾸어 말하면 그것은 우리가 아담과 그리스도에 대해 어떤 관계를 맺느냐에 달린 것입니다.

우리는 아담 안에서 출생해 정죄를 받아 죽습니다. 그러나 믿음으로 그리스도 안에 있으면 우리는 의롭게 되어 살게 되는 것

입니다.[1)]

이렇듯 줄서기를 잘해야 합니다. 아담에게 설 것인지 예수 그리스도에게 설 것인지 결정해야 합니다. 사람은 권력에 줄을 서고, 사람에 줄을 서고, 자신의 유익에 줄을 섭니다. 그러나 모든 인간은 예수 그리스도에게 줄을 서야 삽니다. 그렇지 않으면, 자동으로 죽을 수밖에 없는 아담의 줄에 서기 때문입니다.

우리가 예수를 믿느냐 안 믿느냐는 우리의 영생을 어디서 보내느냐를 결정해 줍니다. 간단히 말해 영생을 지옥에서 보내느냐 천국에서 보내느냐의 중요한 결정이 됩니다. 또한, 예수를 어떻게 믿느냐는 우리의 천국에서의 위치와 상급을 결정해 줍니다. 따라서 우리는 예수 믿는 일이 가장 시급하고 긴급하고 가장 중요한 일이고 축복임을 알아야 합니다.

어느 줄에 설 것인지 분명히 결정해야 합니다. 아담에게 줄을 설 것인지, 그리스도에게 줄을 설 것인지 말입니다! 그리고 어느 줄에 섰느냐에 따라 운명이 달라지고 모든 관계가 달라지고 설정됩니다.

---

1) 존 스토트, 새사람(출판: 아바서원, 2011).

말씀 들여다보기

창 38:24 ○석 달쯤 지난 다음에, 유다는 자기의 며느리 다말이 창녀짓을 하여 임신까지 했다는 소문을 들었다. 유다가 명하였다. "그를 끌어내서 화형에 처하여라!"

창 38:25 그는 끌려 나오면서, 시아버지에게 전갈을 보냈다. "저는 이 물건 임자의 아이를 배었습니다" 하고 말하였다. 다말은 또 말을 계속하였다. "잘 살펴보십시오. 이 도장과 이 허리끈과 이 지팡이가 누구의 것입니까!"

창 38:26 유다는 그 물건들을 알아보았다. "그 아이가 나보다 옳다! 나의 아들 셀라를 그 아이와 결혼시켰어야 했는데" 하고 말하였다. 유다는 그 뒤로 다시는 그를 가까이하지 않았다.

창 38:27 ○다말이 몸을 풀 때가 되었는데, 태 안에는 쌍둥이가 들어 있었다.

창 38:28 아기를 막 낳으려고 하는데, 한 아기가 손을 내밀었다. 산파가 진홍색 실을 가져다가, 그 아이의 손목에 감고서 말하였다. "이 아이가 먼저 나온 녀석이다."

창 38:29 그러나 그 아이는 손을 안으로 다시 끌어들였다. 그런 다음에 그의 아우가 먼저 나왔다. 산파가 "어찌하여 네가 터뜨리고 나오느냐!" 하고 말하였다. 그래서 이 아이 이름을 [b]베레스라고 하고,

*b '터뜨림'

창 38:30 그의 형, 곧 진홍색 실로 손목이 묶인 아이가 뒤에 나오

니, 아이 이름을 [c]세라라고 하였다.

*'홍색' 또는 '밝음'

마 1:3 유다는 다말에게서 베레스와 세라를 낳고, 베레스는 헤스론을 낳고, 헤스론은 람을 낳고,

마 1:16 야곱은 마리아의 남편 요셉을 낳았다. 마리아에게서 그리스도라고 하는 예수가 태어나셨다.

14

모세 - "중재"와 관계 맺음

모세의 뜻은 '물에서 건져낸 아이'입니다

인생의 10% 퍼센트는 여러분에게 무슨 일이 일어나느냐로 구성되며 나머지 90% 퍼센트는 그 일어나는 일에 여러분이 어떻게 반응하느냐로 결정됩니다.

바로 여기서 우리의 인격이 세워지고, 개성이 형성되고, 태도가 표현되는 것입니다. 감사의 반응, 긍정의 반응, 은혜의 반응, 믿음의 반응이 중요합니다. 하나님과 우리와의 관계도 상호 반응이 작용하여 만들어지는 것입니다. 우리가 기도할 때 하나님께서 우리 기도에 반응해 주실 것을 원합니다. 우리의 필요를 채워주실 것을 원합니다.

그러면 전능하신 하나님도 필요한 것이 있을까요? 네, 하나님도 필요한 것이 있습니다. 바로 중재자입니다. 그래서 제사장을 세워 하나님과 인간의 관계에 금이 갔을 때 제사를 통해 관계를 회복시키도록 하셨습니다.

우리를 왕 같은 제사장이라고 칭하신 것은 우리가 하나님과 그리고 다른 사람들과의 관계에서 중재하며 살아가라는 이유 때문입니다. 하나님도 화를 내실 수 있는 분입니다. 왜냐하면, 인격을 가지고 있는 분이기 때문입니다. 하나님의 화를 누그러뜨릴 수 있는 사람이 필요합니다.

하나님과 이스라엘 백성과의 관계가 완전히 깨져 복구 불가능한 상태에 있었던 때가 있습니다. 출애굽 후 시내 산 아래에서 벌어진 우상숭배 사건 때였습니다.

모세를 생각하면 떠오르는 기적이 많습니다. 이집트 왕 바로와의 대결에서 10가지 재앙 기적으로 승리했습니다. 홍해를 앞에 두고 추격하는 애굽의 병거들을 보고 겁에 질린 백성들 앞에서 지팡이로 홍해를 갈라 그들을 살렸습니다. 만나와 메추라기, 반석에서 물을 내는 것 등……. 정말 사람의 생각으로는 상상할 수 없는 기적들을 행한 사건이 많습니다.

그러나 이것은 다 물리적 기적이었습니다. 기적에는 마음의 기적, 심령의 기적이 있습니다. 미움과 분노의 감정을 억누르고 원수 같은 존재를 위해 목숨을 바쳐 기도하는 것은 기적 중에 단연 으뜸인 기적이라 할 수 있습니다.

모세가 십계명을 받기 위해 기한을 정하지 않고 시내 산에 올라갔습니다. 산 밑에선 백성들이 하나님의 임재를 기대하며 모세를 기다렸습니다. 그러나 여러 날을 기다려도 모세가 내려

오지 않자 백성들은 더 이상 기다리지 못하고 급기야 아론을 중심으로 금송아지 우상을 만들어 광란의 축제를 벌이고 있었습니다.

시내 산에서 내려온 모세는 그 모습을 보고 본능적으로 분노했고 40일 동안 금식하며 받아온 십계명 돌판을 깨뜨리고 사태를 주도적으로 수습했습니다. 이 과정에서 수많은 사람이 죽어야 했습니다. 40년 동안 갈고 닦은 온유가 단 한 번의 사건으로 두 돌판과 함께 깨어지고 말았습니다.

문제는 하나님이셨습니다. 하나님은 이 사건을 가장 큰 사건으로 다루셨습니다. 그래서 모세에게 이 백성을 다 죽이고 모세 한 명과 함께 다시 시작하겠다고 하셨습니다. 하나님은 정말 그렇게 할 수 있는 전능한 분이셨습니다. 이때 하나님께 필요한 사람이 있었습니다. 하나님의 노를 누그러뜨리고 분을 잠재울 수 있는 중재자가 필요했습니다. 모세는 중재의 영성을 가지고 있는 인물이었습니다.

이스라엘 백성과 하나님과의 관계가 완전히 단절되어 이제는 이스라엘이 죽음만 기다리는 상황이었습니다. 이때 모세는 하나님께 매달리어 그들을 용서해 달라고 탄원했습니다. 그리고 자기의 기도에 목숨을 걸었습니다. 하나님의 마음이 중재자 모세 한 사람의 기도를 통해 점점 누그러지고 있었습니다. 그리고 마침내 이스라엘을 용서하시기로 작정하셨습니다.

기적 중에 이런 기적이 있을까요? 하나님의 분노한 마음을 돌릴 수 있는 기적, 원수 같은 존재들을 위해 자신의 목숨을 거는 참된 중재자와 제사장의 모습을 모세에게서 보게 됩니다.

작고한 소설가 박완서 씨는 자신이 예수님을 믿은 것은 예수님이 행하신 어떤 기적 때문이 아니라, 오히려 모든 사람이 보는 앞에서 한낱 인간에 불과한 세례요한에게 무릎 꿇고 세례를 받으신 예수님의 므습 속에서 메시아의 위대함을 보았기 때문이라고 고백합니다.

우리는 중재자로서 제사장으로 불림을 받았습니다. 그러나 우리는 내가 미워하는 사람을 하나님도 미워하셨으면 좋겠다는 생각을 할 때도 있습니다. 이것은 중재자의 자세가 아닙니다.

오늘날 하나님께서는 모세처럼 하나님의 마음을 누그러뜨리고 중재하는 기도의 사람을 찾고 계십니다. 목숨을 걸고 타자를 위해 하나님께 중보하는 중재자를 찾고 계십니다. 아니 어쩌면 이스라엘 백성처럼 하나님의 분노를 만들어내지 않는 사람이 되길 먼저 바라야 하는지도 모르겠습니다. 우리는 모세와 같이 온유한 중재자가 되어야 합니다.

하나님의 마음과 타자의 마음을 잘 중재하여 관계를 맺게 하는 영성의 사람이 그리운 시대입니다.

사람이라면 누구에게나 모세처럼 위기의 시간이 있습니다. 저의 위기는 8년 전 그러니까 제 나이 52세에 찾아왔습니다. 위기는 하나님의 호출입니다. 하나님이 '특별히 보자'는 싸인입니다. 그때 저는 하나님께 호출당했습니다.

목회는 최악의 위기였고 제 개인적으로도 인간의 힘으로는 도저히 풀 수 없는 위기가 온 것입니다. 무슨 위기를 당했느냐가 중요한 것이 아닙니다. 위기를 어떻게 대처했느냐의 태도가 중요합니다.

목회를 그만두고 싶을 정도로 목회와 제 인생이 아프고 절망스러웠습니다. 살길은 오직 하나님뿐이었습니다. 매일 저녁, 예배당에 나가 창자가 끊어지는 고통으로 살려 달라고 기도했습니다. 제 인생에서 이처럼 힘들고 고통스럽고 그토록 간절하게 기도한 적이 없었습니다. 하나님은 30일 동안 저를 독대하셨습니다. 제가 할 수 있는 것은 오직 기도밖에 없었습니다.

비길 바는 못 되지만 모세가 생각났습니다. 밥을 제대로 먹지 못했습니다. 아무것도 먹고 싶지 않았습니다. 물론 금식도 했습니다. 아니 아무것도 들어오지 않았습니다. 밥맛이 없어 설렁탕 한 그릇을 시켜놓고 김이 모락모락 나는 설렁탕 한 그릇을 끝내 먹지 못하고 음식점에서 그냥 나온 기억이 선명합니다. 고통으로 위가 쓰리고 아팠습니다.

그저 교회 마룻바닥에 무릎 꿇고 살려 달라고 기도했습니다. 어린 전도사 시절의 그 순수한 헌신을 보시고 자비를 베풀어 달라고 히스기야처럼 기도하였습니다.

30일이 지나자 마침내 기도가 응답되었습니다. 제 영혼과 환경이 제자리를 찾았습니다. 모든 문제가 해결되었습니다. 이렇게 간절한 기도와 그 응답은 처음이었습니다. 저는 예배당에서 혼자 춤을 추었습니다. 다윗이 법궤를 예루살렘에 모시고 오면서 춤을 춘 것처럼 저도 아무도 없는 예배당에서 기쁨의 춤을 추었습니다.

52살 이후 제 인생과 목회는 새로운 전환점을 맞이했습니다. 범사에 감사하고 평범한 일상이 얼마나 큰 축복인지 깨달았습니다. 그날 이후 하나님과 관계를 맺고, 사람들과 관계를 맺고, 그들의 아픔과 관계를 맺어 함께 울며 함께 웃고자 하는 열망이 생겼습니다. 인생의 위기에서 고통스럽고 죽을 만큼 힘들었던 그때 시편 기자의 말씀이 제 가슴에 박혔습니다. "고난을 당한 것이 내게는 오히려 유익이 되었습니다"(시편119:71). 이 말씀이 제게 레마의 말씀으로 다가왔습니다.

왜냐하면, 나의 당한 모든 고통과 아픔이 하나님께 진심으로 나가 무릎을 꿇도록 중재의 역할을 해주었기 때문입니다. 사람만이 나와 하나님과의 사이에 다리를 놓아주는 것이 아닙니다. 인생의 모든 크고 작은 문제와 사건과 상황이 우리를 하나님과의 바른 관계로 중재해 줍니다.

모세라도 기도하는 두 손이 내려갈 수 있습니다

아말렉에 대한 이스라엘의 싸움은 두 가지 방향으로 나타났습니다. 하나는 여호수아로 하여금 군사를 뽑아 직접 나가서 싸우도록 한 것입니다. 그리고 다른 한편으로는 여호수아가 싸우는 동안 모세가 다른 두 사람과 함께 산꼭대기에 올라가 거기서 여호와를 향해 손을 든 것입니다. 그리고 이 전쟁은 이스라엘의 승리로 끝납니다.

이런 이야기가 있습니다.

어느 지방에 연합성회가 열렸습니다. 이때 말씀을 전하러 오신 목사님이 이스라엘과 아말렉의 싸움에 대한 설교 말씀을 전하시면서 지방 교회 모든 목사님과 전도사님을 앞으로 나오라고 하였습니다. 영문도 모르고 설교 시간에 강사 목사님의 말씀에 순종하여 강단 앞으로 모든 교역자가 나갔습니다. 그런데 이번에는 설교가 끝날 때까지 두 손을 들고 서 있으라고 하였습니다.

목사님들과 앉아있는 성도들 모두 당황스러웠지만, 어쩔 수 없이 목사님들은 손을 들고 서 있을 수밖에 없었습니다. 시간이 갈수록 목사님들의 팔이 점점 내려가고 힘을 잃어 가고 있었습니다. 집회 분위기는 점점 긴장감에 휩싸였습니다. 서 있는 목사님들도 앉아서 설교를 듣는 성도들도 바늘방석에 앉아있는 것 같이 모두 힘들었습니다.

이때 앉아있던 성도 한 분이 자신의 목사님의 팔이 내려오면서 힘들어하는 것을 보자 급히 달려 나갔습니다. 그리고 아론과 훌처럼 자신의 목사님의 팔이 내려오지 않게 붙들었습니다. 사람들이 놀라고 있는데, 강사 목사님이 이 광경을 보고 설교를 중단하고 이렇게 말씀하셨습니다.

“여러분 제가 오늘 설교하는 요점과 강조하여 전해 드리려고 하는 말씀은 바로 이것입니다. 목사님도 기도의 팔이 내려올 수 있습니다. 이때 방관자나 비판하는 자가 되지 마시고 목사님의 힘든 팔을 붙들어 주십시오. 이것이 오늘 본문의 모든 요지입니다.”

천하의 모세도 기도하는 팔이 내려올 수 있습니다. 모세에겐 아론과 훌이 필요했습니다. 지치고 힘든 목사님과 성도들의 중재자가 되어 주어야 합니다. 함께 기도해 주고 위로해 주고 힘을 공급해 주는 그런 살아있는 중재자의 관계가 필요합니다. 우리는 교회 생활, 신앙생활을 하면서 서로의 팔을 잡아주고 심신이 지친 목사님의 내려오는 팔을 비판하지 마시고 그 팔을 붙들어 주는 복된 중재자가 되시기를 바랍니다.

말씀 들여다보기

출 17:8 [아말렉 사람들과 싸우다] ○그 때에 아말렉 사람들이 몰려와서, 르비딤에 있는 이스라엘 사람을 공격하였다.

출 17:9 모세가 여호수아에게 말하였다. "장정들을 뽑아서 아말렉과 싸우러 나가시오. 내일 내가 하나님의 지팡이를 손에 들고, 산꼭대기에 서 있겠소."

출 17:10 여호수아는 모세가 그에게 말한 대로 아말렉과 싸우러 나가고, 모세와 아론과 훌은 언덕 위로 올라갔다.

출 17:11 모세가 그의 팔을 들면 이스라엘이 더욱 우세하고, 그가 팔을 내리면 아말렉이 더욱 우세하였다.

출 17:12 모세가 피곤하여 팔을 들고 있을 수 없게 되니, 아론과 훌이 돌을 가져와서 모세를 앉게 하고, 그들이 각각 그 양쪽에 서서 그의 팔을 붙들어 올렸다. 해가 질 때까지 그가 팔을 내리지 않았다.

출 17:13 이렇게 해서, 여호수아는 아말렉과 그 백성을 칼로 무찔렀다.

출 17:14 ○그 때에 주님께서 모세에게 말씀하셨다. "너는 오늘의 승리를 책에 기록하여 사람들이 잊지 않도록 하고, 여호수아에게는, '내가 아말렉을 이 세상에서 완전히 없애서 아무도 아말렉을 기억하지 못하게 하겠다'고 한 나의 결심을 일러 주어라."

15

룻 – "의리"와 관계 맺음

룻의 뜻은 '우정'입니다

사람은 때때로 자신이 어떤 사람인가 궁금해합니다. 그래서 다른 사람들에게 자신에 관해 묻습니다. 그러나 진실한 대답을 듣기가 어렵고 사람마다 다르게 자신을 평가합니다. 이때 자신이 어떤 사람인가 알 수 있는 자가 진단법이 있습니다.

내 혀가 어떤 말을 주로 내뱉고 있는지 스스로 살펴보아야 합니다. 내가 좀 더 나은 사람이 되길 원한다면 성격이 아니라 사용하는 언어를 바꾸고 태도를 바꾸면 됩니다. 성격은 바꾸기 힘듭니다. 그러나 말의 색채는 사용하는 사람이 얼마든지 선택하고 바꿀 수 있기 때문입니다.

룻기는 어느 시대에 읽어도 참 아름다운 이야기입니다. 무엇보다 룻이 나오미에게 한 말의 색채는 너무도 아름답고 감동적입니다. 인간이 인간됨의 따스함을 전파하기 때문에 아름답습니다. 냉정하고 차갑고 이기적인 시대에 살고 있어서 그런지 룻의 그 따스함은 우리를 끌어당깁니다.

'나오미' 하면 '룻'이고 '룻' 하면 '나오미'입니다. 오늘날 고부간의 갈등이 일반적인 일이라면 룻기는 고부가 얼마나 가까워지고 사랑할 수 있는가를 말해줍니다.

나오미는 남편 엘리멜렉과 흉년을 피해 고향 베들레헴을 떠나 객지 생활 십 년 만에 남편과 두 아들을 잃습니다. 고대 근동 사회에서 여인들의 보호자는 결혼 전에는 아버지요, 결혼 후에는 남편이요, 남편이 떠난 후에는 아들이었습니다. 그런데 나오미는 이제 누구에게도 의지할 수 없는 불쌍한 여인이 되었습니다.

나오미는 두 며느리를 불러 각자 고향으로 돌아가서 재혼하여 행복하게 살라고 당부합니다. 자신과 같은 신세가 되지 않았으면 하는 마음이었을 것입니다.

처음에는 두 며느리가 한사코 나오미와 함께하겠다고 말합니다. 하지만 오르바는 고향으로 떠나고 룻만 시어머니 나오미와 남게 됩니다. 나오미는 가진 것이 아무것도 없습니다. 솔직히 말하면 룻에게 인생의 짐만 될 뿐입니다.

차갑고도 냉정한 것이 인간관계 아니겠습니까? 이익과 유익의 유불리에 따라 관계를 쉽게 맺고 쉽게 끊어 버리는 비정한 시대에 살고 있습니다. 그러면 왜 룻은 나오미를 떠나지 못하고 그렇게 시어머니 나오미에게 애착심을 가졌을까? 하는 것입니다.

그것은 두 가지로 설명할 수 있는데 인간적인 면에서는 룻의 '의리'요 영적인 면에서는 '하나님과의 관계'입니다. 한 단어로 요약하면 '관계' 때문입니다. 하나님과의 관계, 나오미와의 관계를 그 어떤 것으로도 끊을 수 없다는 것입니다. 세상의 눈으로 보면 룻이 참 어리석어 보입니다. 그러나 하나님의 눈으로 보면 관계를 소중히 여길 줄 아는 지혜로운 여인이었습니다. 하나님께서 정말 보기 드문 이방 여인을 찾아내신 것입니다. 언제 어디서나 유불리를 따지지 않고 함께하는 관계, 책임지는 관계, 사랑의 관계가 그리운 시대입니다.

누구도 참다운 관계를 추구하는 사람이 없는 것처럼 여겨지는 시대입니다. 교회에 다니는 것을 학원에 다니는 것처럼 여기는 듯 보입니다. 교회를 다니면 어떤 현실적 보상과 성과가 있어야 한다고 여기는 듯합니다. 교회가 자신의 마음에 맞지 않고 수가 틀리면 단번에 끊어 버리고 옮기면 된다고 생각하는 시대에 살고 있습니다. 그래서 그런지 룻과 같은 의리와 관계의 소중함이 그리워지는 시대입니다.

하나님은 룻이 불쌍한 시모 나오미를 긍휼의 마음으로 끝까지 지키고자 하는 의리와 태도를 지켜보셨습니다. 룻은 참으로 마음과 영혼과 태도가 아름다운 사람입니다. 그래서 하나님께서도 유대인 공동체에서 이방인 여인에 불과한 룻을 예수님의 족보에 당당히 올려 주셨습니다.

하나님과 좋은 관계를 맺고 있다면 틀림없이 타자와의 관계도 좋을 것입니다. 타자와 관계 맺는 것을 보면 하나님과의 관계가 어떠한지 그 영성을 가늠해 볼 수 있습니다. 성경 말씀에 "보이는 형제를 사랑하지 못하면서 보이지 않는 하나님을 사랑한다고 볼 수 없다"(요한1서 4:20)라고 말씀해 주기 때문입니다.

룻이 나오미에게 한 말을 들으면 가슴이 뭉클해지고, 메마른 눈가에 눈물이 맺히고, 마음엔 진한 감동이 몰려오는 이유는 무엇일까요? 이런 감동을 주는 사람, 이런 감동을 경험해 보고 싶은 것은 욕심일까요?

여보 냄비 쓰지 말고 헬멧 쓰고 자

같은 지방 이웃교회에 있는 모 교회의 이야기입니다. 이 교회에 이 모(某) 집사님이 계셨습니다. 아내 권사님은 정신적인 질병을 앓고 있었습니다. 그런데 이 아내 권사님이 가끔 술에 만취되면 담임목사님에게 전화를 겁니다. 몇 시든, 몇 시간이든 교회에 대한 불만을 이야기하였고 목사님은 그 이야기를 다 들어주셨답니다. 참 훌륭하신 목사님이십니다.

한번은 저녁에 이 권사님이 자는데 냄비를 쓰고 자더랍니다. 남편이 "왜 냄비를 쓰고 자냐?"고 물어보았더니 "누가 자꾸 머리를 때려 너무 아파 냄비를 쓰고 잔다"라고 하더랍니다. 이 모습을 보면서 남편 집사님은 얼마나 한숨이 나왔겠습니까? 그런데 어느 날 남편 집사님이 헬멧을 사서 아내에게 주더랍니다.

냄비를 쓰고 자면 보기 싫으니 헬멧을 쓰고 자라고요. 얼마나 대단한 남편인가요?

그런데 이야기는 여기서 그치지 않습니다. 이 남편이 아내의 병을 고치겠다고 강원도 산골로 내려가기로 결정하고 가산을 정리했답니다. 끝까지 아내와 함께하고 아내의 병을 고치겠다는 부부관계의 의리와 사랑이 참 아름답습니다.

가산이 정리되자 8억 6천만 원을 교회에 헌금하고 아내와 함께 강원도 산골로 내려가 전원생활을 시작했습니다. 그 교회 목사님이 심방을 가 보니 아내 권사님이 많이 치유되어 행복한 삶을 사시더랍니다. 그리고 목사님 오셨다고 부부가 정성을 다해 음식을 만들어 대접하더랍니다.

돈도 많고 아쉬울 것도 없는 남편이 아내와의 관계를 소중히 여기고 아내와 일생을 함께하는 일이 당연한 일일 것입니다. 그런데 이 이야기를 듣고 감동이 되는 것은 무슨 이유일까요? 헌금이겠습니까? 아니면 남편의 의리와 사랑 때문이겠습니까? 아니면 둘 다입니까?

감동 없는 시대, 평범한 일이 대단한 일이 되는 시대에 사는 것이 그 이유 중 하나라고 생각합니다. 여러분은 어떤 의리를 가지고 있습니까? 여러분을 살려주신 하나님께, 여러분의 아내와 남편에게, 그리고 나와 관계를 맺은 모든 사람에게 어떤 의리를 가지고 있습니까?

말씀 들여다보기

룻 1:14	○그들은 다시 한번 큰 소리로 울었다. 마침내 오르바는 시어머니에게 입맞추면서 작별 인사를 드리고 떠났다. 그러나 룻은 오히려 시어머니 곁에 더 달라붙었다.
룻 1:15	그러자 나오미가 다시 타일렀다. "보아라, 네 동서는 저의 겨레와 신에게로 돌아갔다. 너도 네 동서의 뒤를 따라 돌아가거라."
룻 1:16	○그러자 룻이 대답하였다. "나더러, 어머님 곁을 떠나라거나, 어머님을 뒤따르지 말고 돌아가라고는 강요하지 마십시오. 어머님이 가시는 곳에 나도 가고, 어머님이 머무르시는 곳에 나도 머무르겠습니다. 어머님의 겨레가 내 겨레이고, 어머님의 하나님이 내 하나님입니다.
룻 1:17	어머님이 숨을 거두시는 곳에서 나도 죽고, 그곳에 나도 묻히겠습니다. 죽음이 어머님과 나를 떼어놓기 전에 내가 어머님을 떠난다면, 주님께서 나에게 벌을 내리시고 또 더 내리신다 하여도 달게 받겠습니다."
룻 1:18	나오미는 룻이 자기와 함께 가기로 굳게 마음먹은 것을 보고, 더 이상 말리지 않았다.
요일 4:20	누가 하나님을 사랑한다고 하면서, 자기 [b]형제자매를 미워하면, 그는 거짓말쟁이입니다. 보이는 자기 [b]형제자매를 사랑하지 않는 사람이 보이지 않는 하나님을 사랑할 수 없습니다.

*b 그. '형제'

16

한나 – "기도"와 관계 맺음

한나의 뜻은 '은혜', '은총'입니다

성경에 자주 등장하는 메뉴 가운데 하나는 '기도'와 '불임'입니다. 오 할레스비는 기도가 성립되려면 하나는 자기의 '무기력'을 철저히 깨달아야 하고, 그다음에 그 무기력함이 '믿음'으로 하나님께 나아와야 기도가 성립된다고 말합니다. '무력함'과 '믿음'이 만날 때 기도가 성립된다는 말입니다.[1)]

아시다시피 고대에 있어 불임은 여성에게 있어서 최대의 수치였습니다. 다산을 축복으로, 자손 번성을 축복으로 여겼던 시대를 생각하면 충분히 이해가 갑니다.

야곱의 네 명의 아내가 출산 경쟁을 합니다. 남편의 사랑과 하나님의 축복을 출산으로 얻어내려는 여인들의 경쟁이 눈물겹습니다. 여기서 특이한 점은 하나님이 인간의 불임을 하나님

1) 오 할레스비, 할레스비의 기도(출판: CH 북스).

의 뜻과 계획을 이루어 가는 섭리로 사용했다는 것입니다.

한나도 불임입니다. 불임만 빼면 그녀는 축복받은 여인입니다. 그런데 이 불임 하나가 나머지 모든 축복을 앗아간 셈이 되었습니다. 남편 엘가나의 또 다른 아내 브닌나는 생산 능력은 뛰어났으나 성품이 온유하지 못했습니다. 브닌나는 한나를 향해 날마다 아이도 못 낳는 여자라고 비난하고 조롱하며 더 나아가 '격동'시켰습니다. 여기서 '격동시키다'라는 동사는 미완료 동사입니다. 한 번만 격동시키고 끝나는 것이 아니라 한나가 아이를 낳지 못하는 한 계속 '격동시킨다'라는 미완료 동사를 사용했습니다.

한나는 '무력감'을 느꼈습니다. 한나가 무력감으로 일생을 마쳤다면 그녀의 인생은 정말 불행했을 것입니다. 그러나 한나는 그 '무력감'을 가지고 '믿음'으로 하나님 앞에 나아갔습니다. 자신의 불행 앞에 하나님을 원망하거나 불신하지 않고 하나님의 은혜와 자비를 구했습니다. 하나님과의 은혜의 관계를 더욱 사모하며 기도했습니다.

한번은 그녀가 성전에 가서 기도하는 데 그날따라 너무 마음이 슬프고 애통했습니다. 슬프고, 맘이 아프고, 지치고, 넋이 나간 여인처럼 중얼거리며 기도했습니다. 이때 제사장 엘리가 그녀의 그 모습을 술에 취한 것으로 착각하며 한나를 나무랐습니다.

한나의 성품과 신앙의 실력은 여기서 빛이 납니다. 성전에 기도하러 갔는데 위로해 주고 축복해 주지는 못할망정 대낮에 취하고 헛소리하는 여인 취급을 당하면 속된 말로 '시험'에 들어야 정상입니다. 그러나 그녀는 무력하고 나이 먹고 분별력 없는 엘리 제사장을 원망하며 시험 들어 '휑'하니 나가버리지 않았습니다. 차분한 마음으로 자신이 처해 있는 상황과 현재의 모습을 설명했습니다. 그 지점에서 엘리 제사장은 한나에게 빚을 지고 있는 것입니다. 사람은 돈으로만 다른 사람에게 빚을 주는 것이 아닙니다. 태도와 입술과 넉넉한 마음과 사랑과 긍휼과 용서로 사람들에게 빚을 주는 것입니다. 일명 마음의 빚이라고 합니다.

엘리는 자신의 분별력 없음에 정말 미안하고 부끄러웠을 것입니다. 그래서 더욱 간절히 축복했을 것입니다. 축복은 머리에 얹은 손에서부터 나오는 것이 아니라 마음에서부터 나오는 것입니다. 엘리는 정성을 다해 그녀를 축복했고 한나는 이 무능한 제사장 엘리의 축복을 '아멘'으로 가슴 깊이 받아들였습니다.

분명히 엘리를 통해 은혜는 받을 수 없습니다. 그러나 제사장이기에 축복은 받을 수 있습니다. 하나님이 그렇게 약속하셨기 때문입니다. 꼭 기억하셨으면 좋겠습니다. 한나의 경우처럼 은혜는 못 받아도 축복은 받는 자세를 가져야 하겠습니다. 물론 은혜도 받고 축복도 받고 둘 다 받으면 금상첨화입니다.

한나는 고통 때문에 기도를 시작했지만, 고통에 얽매이지는 않았습니다. 그녀의 기도는 일종의 서원 형식을 취하고 있습니다. 간구도 하지만 헌신도 합니다. 한나는 하나님께 아들을 달라고 기도했습니다. 그리고 그 아들을 하나님께 돌려 드리겠다는 기도도 합니다.

한나는 받을 것과 드릴 것을 함께 기대한 여자입니다. 여기서 한나의 하나님과의 관계의 영성이 풍성히 드러납니다. 그리고 사람과의 관계도 아름답게 드러납니다. 한나의 입술에 위대한 사사 사무엘과 첫째 왕 사울과 위대한 왕 다윗이 잉태되고 있었습니다.

처음 일산에 교회를 개척하고 너무 힘들었습니다. 고된 일을 해서 힘든 것이 아니라 성도가 없어 힘들었습니다.

장사도 그렇습니다. 아무리 피곤해도 장사가 잘되면 피곤치 않습니다. 그런데 장사가 안되면 일하는 것이 없는 데도 너무 힘든 것입니다. 너무 장사가 잘되어 장사를 마치면 새벽 2시가 되어도 그날 번 돈을 세면서 너무 힘드니 장사 좀 안되었으면 하는 사람은 없습니다. '돈을 세다가 코피가 나서 쓰러져도 좋으니 장사만 잘되어다오' 하는 것이 인간의 마음입니다.

교회를 개척하면 처음 오는 것이 무력감입니다. 오랜 시간이 지났는데도 교회가 부흥하지 않으면 이 무력감은 더 커지고 실망과 절망으로 자연스럽게 넘어갑니다.

그 개척 시절 아무리 노력해도 상가교회를 벗어날 기미가 보이지 않았습니다. 제 자신의 한계와 무능력을 실감했습니다. 하나님께 나아가 살려달라고 기도하는 수밖에 없었습니다. 제 인생에 가장 오래, 그리고 가장 열심히 교회 부흥을 위해 이때처럼 기도한 적이 없습니다. 하루에 12시간씩 기도했습니다. 어느 때는 하나님께 잘 보이려고 화장실 가는 것도 참고 12시간을 기도로 채운 적도 있습니다. 그랬더니 되더라고요. 하나님은 무식한 그 기도를 보시고 땅도 주시고 교회도 짓게 해 주셨습니다.

나는 이렇게 기도했다 자랑질하는 것이 아닙니다. 기도의 능력을 그렇게 체험했음에도 요즈음은 골방 기도의 시간이 형편없어졌습니다. 주님께 참 죄송합니다. 그 젊은 목회 시절처럼 간절히 오래 기도하는 모습이 그리워집니다. 지금은 왜 그때처럼 목숨 걸고 기도 생활을 못 하는지 말입니다.

어쩌면 젊은 날의 열정을 그리워하는 것이 욕심일지도 모르겠습니다. 나이 들어 군대 가라면 가겠지만 그 젊은 날처럼 훈련받지는 못할 것입니다. 진이 다 빠졌다는 이야기가 실감납니다. 그래도 다행인 것은 지금이 젊은 날보다는 주님과 더 깊은 관계를 갖고 있다는 것입니다. 주님과 관계가 깊어져 감사합니다.

무력감과 믿음이 기도를 만들어낸다고 말씀드렸습니다. 그리고 기도의 목표는 응답입니다. 하나님은 반드시 어떤 방법으로든 응답하십니다.

YES!

NO!

WAIT!

으로 말입니다!

사돈 영감

예전에 어떤 책에서 이런 글을 읽었습니다. 그 책의 제목과 저자가 기억나지 않지만, 그 이야기를 해보려 합니다.

예수 잘 믿는 며느리를 얻은 시골 할머니가 있었습니다. 주일이 되면 며느리는 으레 시어머니를 모시고 교회에 가려 했고, 그때마다 시어머니는 "너나 잘 믿어라" 하시며 거절하곤 했습니다.

어느 날 며느리가 갑자기 중병에 걸렸습니다. 며칠 동안이나 일어나지 못하더니 급기야 의식불명 상태가 되고 말았습니다. 시골 한의사가 와서 진맥했지만, 자기도 어쩔 도리가 없다며 고개를 설레설레 흔들며 돌아갔습니다. 안절부절하며 어쩔 줄 몰라 하던 시어머니에게 불현듯, "하나님 아버지" 하고 날마다 기도하던 며느리의 모습이 떠올랐습니다. 시어머니는 최후의 수단으로 며느리의 하나님에게 자신이 직접 부탁해 보기로 했습니다. 시어머니는 즉시 옷깃을 여미고 이렇게 기도했습니다.

"사돈 영감! 한 번만 봐주시오."

시어머니는 며느리가 하나님을 아버지라고 불렀으니 하나님과 자신은 사돈지간이 된다고 여긴 것이었습니다. 이처럼 하나님에 대한 호칭이 엉뚱하다고 해서, 하나님께서 그런 기도를 알아듣지 못하시는 것은 아닙니다. 하나님께서는 언제나 인간의 중심을 보는 분이시기 때문입니다.

사돈 영감을 향한 시어머니의 기도가 주효했던지, 그 이후 할머니 며느리의 병이 씻은 듯이 나았습니다. 시어머니는 자기 부탁을 들어준 사돈 영감이 너무나 감사해서 자신도 사돈 영감을 믿기로 하고, 그다음 주일부터 며느리와 함께 교회에 출석하기 시작했습니다. 작은 시골 교회가 그 할머니로 인해 온통 잔칫집이 되었습니다. 얼마 지나지 않아 교회에서 세례식이 거행되었습니다.

하나님의 사돈이 된 할머니의 신앙 경력은 일천하기 짝이 없었지만, 연만한 연세를 고려하여 교회는 할머니에게 세례를 베풀기로 하였습니다. 세례식을 거행하기 전, 세례 문답 시간에 목사님이 할머니에게 물었습니다.

"예수님께서 누구 죄 때문에 돌아가셨습니까?"

할머니가 자신 있게 대답했습니다.

"우리 며느리 죄요."

할머니는 며느리가 늘 '내 죄로 돌아가신 주님'이라고 기도하는 것을 들었던 것입니다. 여기에 문제가 있습니다. 하나님을 제대로 알기 전에 하나님을 혹 사돈 영감이라 부를 수도 있고 하늘이라 칭할 수도 있습니다. 그래도 하나님과의 관계가 시작되지 않는 것은 아닙니다. 이미 말씀드린 것처럼 하나님께서는 인간의 중심을 보시는 까닭입니다. 그러나 주님께서 내 죄 때문이 아니라, 며느리 죄로 인해 돌아가셨다는 생각으로는 하나님과 바른 관계가 성립될 수 없습니다.

기도도 마찬가지입니다. 처음 신앙생활 할 때는 어떤 형식으로 기도하든 하나님은 다 들어 주십니다. 그러나 나의 죄인 됨과 죄인인 나를 구원할 능력이 내 속에 없음을 깨달아야 합니다. 그때 비로소 영원한 구원자이신 삼위일체 하나님과 바른 관계가 형성되고, 지속되고, 심화될 수 있습니다. 하나님과의 바른 관계와 신앙고백이 온전해질 때 바른 기도도 드릴 수 있습니다. 기도가 하나님과의 대화라면 마냥 어린이식 대화만을 할 수는 없는 것입니다. 성장과 성숙이 되었다면 좀 더 깊은 신앙고백에서 나오는 기도를 드릴 수 있어야 합니다. 그럴 때 하나님과의 관계가 기쁨으로 풍성해질 수 있는 것입니다.

기도와 바른 신앙의 고백을 통해 하나님과 타자와의 관계 맺음이 풍성해지시길 축복합니다.

말씀 들여다보기

삼상 1:10 한나는 괴로운 마음으로 주님께 나아가, 흐느껴 울면서 기도하였다.

삼상 1:11 한나는 서원하며 아뢰었다. "만군의 주님, 주님께서 주님의 종의 이 비천한 모습을 참으로 불쌍히 보시고, 저를 기억하셔서, 주님의 종을 잊지 않으시고, 이 종에게 아들을 하나 허락하여 주시면, 저는 그 아이의 한평생을 주님께 바치고, 삭도를 그의 머리에 대지 않도록 하겠습니다."

삼상 1:12 ○한나가 주님 앞에서 계속 기도를 드리고 있는 동안에, 엘리는 한나의 입술을 지켜보고 있었다.

삼상 1:13 한나가 마음 속으로만 기도를 드리고 있었으므로, 입술만 움직이고 소리는 내지 않았다. 그러므로 엘리는, 한나가 술에 취한 줄로 생각하고,

삼상 1:14 그를 꾸짖었다. "언제까지 술에 취해 있을 것이오? 포도주를 끊으시오."

삼상 1:15 한나가 대답하였다. "제사장님, 저는 술에 취한 것이 아닙니다. 포도주나 [d]독한 술을 마신 것이 아닙니다. 다만 슬픈 마음을 가눌 길이 없어서, 저의 마음을 주님 앞에 쏟아 놓았을 뿐입니다.

*d 곡식이나 과일로 만든 도수가 높은 술(히, 셰카르)

삼상 1:16 이 종을 [e]나쁜 여자로 여기지 마시기 바랍니다. 너무나

도 원통하고 괴로워서, 이처럼 기도를 드리고 있습니
다."

*e 히, '밧 블리야알(블리야알의 딸)', '악한 여자'

삼상 1:17 그러자 엘리가 말하였다. "그렇다면 평안한 마음으로
돌아가시오. 이스라엘의 하나님이, 그대가 간구한 것
을 이루어 주실 것이오."

삼상 1:18 한나가 대답하였다. "제사장님, 이 종을 좋게 보아 주
시기 바랍니다." 한나는 그 길로 가서 음식을 먹었다.
그리고 다시는 얼굴에 슬픈 기색을 띠지 않았다.

17

요나단 – "우정"과 관계 맺음

요나단의 뜻은 '여호와께서 주신다'입니다

인간은 권력 지향적 존재입니다. 없어서 그렇지 권력을 준다면 싫다고 말할 사람은 거의 없을 것입니다. 또한, 시기는 어떤가요? 인간의 죄성은 자신도 모르게 빙산의 수면 아래 속에 큰 얼음덩이처럼 존재합니다. 인간 자아의 내면에는 커다란 시기와 질투가 숨겨져 있습니다. 그런데 이 모든 것을 극복하고 진정한 우정의 관계를 이룩한 위대한 인물이 있습니다. 바로 요나단입니다.

그러면 진정한 우정이란 무엇일까요? 우리는 살아가면서 '진심'이라는 말을 많이 사용합니다. 내 진심 좀 받아줘, 내 말은 진심이야, 진심으로 사랑해, 내 진심 어린 친구야……. 이렇게 자신과 타인의 진심을 갈구합니다. 그러면 어떻게 하면 그 진심을 알아볼 수 있나요?

그 해답은 '시간'에 있습니다. 생명은 시간입니다. 내가 80년을 산다면 80년의 시간을 삽니다. 그리고 우리의 남은 생명도 시간으로 환산해서 이해할 수 있습니다. 쉽게 말하면 그 사람이 나에게 진정한 친구인가 아닌가를 알아보려면 그 사람이 나에게 얼마만큼의 시간을 쓰느냐를 보면 압니다. 그리고 내가 어떤 시간에도 만나자면 모든 것을 제쳐놓고 나와 시간을 함께해 주는 사람이 진실한 친구입니다.

왜냐하면, 시간이 생명이기 때문입니다. 나에게 시간을 많이 써주는 사람이 나에게 그만큼의 생명을 주는 사람이기 때문입니다. 시간이 진심입니다. 가까운 척하면서 나에게 시간을 쓰지 않는 사람은 진정한 친구가 아닙니다. 이런 면에서 다윗과 요나단은 서로의 생명 곧 서로의 시간을 마음껏 주고받는 참다운 친구의 관계라고 말할 수 있습니다.

요나단은 사울 왕의 첫째 아들이었습니다. 이 말은 왕위 서열 1위라는 이야기입니다. 그러나 그의 미래의 왕권이 위태로워졌습니다. 바로 다윗 때문입니다.

다윗이 골리앗과의 싸움에서 이기자 인기가 치솟았습니다. 그래서 '사울은 천천이요 다윗은 만만이라'라는 유행가가 퍼지기 시작했습니다. 요나단의 아버지 사울 왕은 그때부터 다윗을 자신의 강력한 정적으로 여겼습니다. 그리고 기회가 있을 때마다 다윗을 죽이려 했습니다. 그러나 아이러니하게도 사울 왕의 아들인 요나단은 그때부터 다윗을 깊은 우정으로 사랑하게 됩니다. 다윗의 인기가 커가면 커갈수록 사울 왕과 다윗의 관계는 멀어졌습니다. 반면에, 다윗과 요나단과의 관계는 더욱 깊어지고 단단해집니다.

세상에 이런 친구가 있습니까? 자신의 왕위 자리를 다른 사람에게 빼앗기게 생겼는데도 그 대상을 질투와 미움의 대상이 아니라 사랑의 대상으로 대할 수 있다니요.

왜 요나단은 이런 우정과 사랑을 다윗에게 베풀었을까요? 그것은 요나단에게 있어 하나님과의 관계가 먼저였기 때문이었습니다. 하나님이 자신의 아버지를 버리고 대신 다윗을 왕의 자리에 세우기로 결정하셨다는 것을 그는 알았습니다. 하나님이 그렇게 결정하셨다면 따라야 한다는 것이 요나단의 생각이었습니다. 사실 다윗이 광야에서 그 고난의 세월을 이겨냈던 이유도 요나단과의 우정과 사랑 때문이었습니다.

다윗은 십수 년을 광야에서 도망자 생활을 하면서 자신의 정체성을 수없이 물었습니다. '과연 내가 왕으로의 기름 부음 받은 자인가? 그렇다면 나는 왜 도망자가 되어야 하는가?' 이 물음에 대한 답을 요나단의 축복과 우정에서 찾았습니다.

다윗은 참 복도 많은 사람입니다. 하나님께도 사랑받고 왕자에게도 사랑받는 사람이었습니다. 즉 함석헌 선생이 말한 그 한 사람을 가지고 있었으니 말입니다.

관계는 한쪽만으로 가능하지 않습니다. 그래서 관계입니다. 다윗과 요나단, 언제 들어도 어울리는 한 쌍입니다.

그 사람을 가졌는가?

함석헌

만 리 길 나서는 길
처자를 내맡기며
맘 놓고 갈만한 사람
그 사람을 그대는 가졌는가.

온 세상 다 나를 버려
마음이 외로울 때에도
"저 맘이야"하고 믿어지는
그 사람을 그대는 가졌는가.

탔던 배 꺼지는 시간
구명대 서로 사양하며
"너만은 제발 살아다오" 할
그 사람을 그대는 가졌는가.

불의의 사형장에서
"다 죽여도 너희 세상 빛을 위해
저만은 살려두거라" 일러줄
그 사람을 그대는 가졌는가.

잊지 못할 이 세상을 놓고 떠나려 할 때
"저 하나 있으니" 하며
빙긋이 웃고 눈을 감을
그 사람을 그대는 가졌는가.

온 세상의 찬성보다도
"아니" 하고 가만히 머리 흔들 그 한 얼굴 생각에
알뜰한 유혹을 물리치게 되는
그 사람을 그대는 가졌는가.

목사님 언제 맥주 한잔하시지요?

글을 쓰면서 이 대목에서 생각과 고민에 빠졌습니다. 나는 다윗인가? 요나단인가? 아니면 이것도 저것도 아닌가? 나는 요나단과 같은 그 한 사람을 가졌는지 생각했습니다. 그런데 바로 떠올리지 못했습니다. 다행히 우리 교회 강준 장로님의 말이 생각났습니다.

강 장로님은 제가 만난 사람들 가운데 가장 성품이 좋으신 분입니다. 온 가족이 우리 교회에서 처음 신앙생활을 시작하셨습니다. 20여 년 전 장로님 가정에 첫 심방을 갔습니다. 은혜롭게 예배를 마치고 차를 마시는데 장로님이 불쑥 한마디 하셨습니다. "목사님 언제 시간이 되시면 맥주나 한잔하시지요?"

교회에 처음 나오신 장로님은 천주교 신부님처럼 맥주 한두 잔 정도는 목사님들도 괜찮은 줄 알고 진심으로 말했던 겁니다. 그렇게 신앙생활을 시작한 강 장로님이 지금은 저를 받쳐주고 교회에 헌신하는 장로님이 되셨으니 주님께 너무 감사합니다.

어느 목회자나 한두 번쯤은 현재 시무하는 교회보다 환경이 더 좋은 큰 교회로 갈 수 있는 시기와 유혹(?) 내지 기회(?)를 얻습니다. 그때마다 강 장로님은 "목사님이 어디로 가시든지 우리 가정은 함께 가겠습니다." 하고 말씀하셨습니다. 그때나 지금이나 그 말씀이 잊히지 않고 참 고맙게 여겨집니다. 그리고 은근히 '내가 목회에 실패하지 않았구나' 하는 자부심도 듭니다. '강 장로님 그렇게 말해주시고 지금까지 함께해 주셔서 감사합니다.' 어디 강 장로님뿐이겠습니까? 같이 함께해 준 모든 성도님이 모두 다 귀한 축복입니다.

말씀 들여다보기

삼상 20:1	[요나단이 다윗의 탈출을 도와 주다] 다윗이 라마의 나욧에서 빠져 나와 집으로 돌아온 다음에, 요나단에게 따져 물었다. "내가 무슨 못할 일을 하였느냐? 내가 무슨 몹쓸 일이라도 하였느냐? 내가 자네의 아버님께 무슨 잘못을 저질렀기에, 아버님이 이토록 나의 목숨을 노리시느냐?"
삼상 20:2	요나단이 그에게 대답하였다. "자네를 죽이시다니, 결코 그런 일은 없을 걸세. 내가 분명히 말하지만, 우리 아버지는 큰 일이든지 작은 일이든지, 나에게 알리지 않고서는 하시지를 않네. 그런데 우리 아버지가 이 일이라고 해서 나에게 숨기실 까닭이 무엇이겠는가? 그럴 리가 없네."
삼상 20:3	그러나 다윗은 맹세까지 하면서 말하였다. "자네가 나를 지극히 아낀다는 것은, 자네의 아버님도 잘 알고 계시지 않은가? 그렇기 때문에 이 일만은 자네에게 알려서는 안 된다고 생각하셨을 걸세. 자네가 알면 매우 슬퍼할 테니까 말일세. 주님께서 살아계시니, 내가 자네에게 분명히 말하겠네. 나와 죽음 사이는 한 발짝밖에 되지 않네."
삼상 20:4	요나단이 다윗에게 제안하였다. "자네의 소원을 말해 보게. 자네를 돕는 일이면, 무엇이든지 하겠네."

18

다윗 – "그 인간적임"과 관계 맺음

다윗의 뜻은 '사랑받는 자'입니다

경상북도 봉화군 석포면 어느 시골 학교에서 아침에 선생님이 아이들과 함께 피구를 하다가 10명이 죽는 사고가 일어났습니다. 5명은 금 밟아 죽고 5명은 공 맞아 죽었습니다. 우리 말은 아웃이 아니고 '죽었다'고 표현합니다. 여기서 문제가 생깁니다. 공을 맞거나 금을 밟거나 금 밖으로 나가면 아웃입니다. 그런데 늘 시비가 일어납니다. 맞았다 안 맞았다. 밟았다 안 밟았다 싸움입니다.[1)]

그러나 하나님은 정확하십니다. 그리고 공정하십니다. 그러니 억울해할 필요가 없습니다. 핏대를 세우며 싸울 필요도 없습니다. 인생에 억울함이 생기면 하나님께 찾아가 호소하면 됩니다. 다윗의 이야기는 그런 인간적인 이야기입니다.

---

1) 박영선, 예화와 묵상(출판: 엠마오, 1999).

‘인간적이다’라는 말이 그 말을 받는 사람의 지력과 경험과 성품에 따라 긍정적일 수도, 부정적일 수도 있습니다. 저는 여기서 인간적이란 말을 긍정적이고 매우 매력적으로 보고 싶습니다. 다윗에게는 더욱이 그렇습니다. 너무 완벽한 사람을 만나면 숨을 쉴 수가 없을 것 같아서입니다.

바리새인이나 서기관들이 그런 류가 아닌가 생각합니다. 율법을 철저히 지킨다는 핑계로 경건을 사유화하고 독점하려는 부류가 아니었나 하는 생각이 듭니다.

그런 면에서 성경에서 예수님 다음으로 인간적 매력을 갖춘 사람을 꼽으라면 저는 다윗을 꼽습니다. 하나님도 그러신 것 같습니다. 하나님은 다윗이 많은 실수와 죄를 지었음에도 “내 마음에 합한 자”라고 하시며 그 후손들을 축복하십니다. 다윗의 후손으로 메시아 예수님이 오셨다는 점에서 하나님의 축복은 절정에 달합니다.

다윗은 인간이 저지를 수 있고 가질 수 있는 고통, 아픔, 죄, 회복, 신앙 등 많은 것을 경험한 자입니다. 우리도 이러한 죄성을 가지고 있기에 그의 신앙과 실수와 허물을 통해 공감할 수 있고 감정이입을 할 수 있습니다.

그의 인생을 종합하면 젊어서는 압살롬과 같이 자신의 야욕을 성취하는 비열한 인간이 아니었습니다. 또 늙어서는 사울과 같이 시기와 질투에 사로잡혀 압살롬을 죽이려는 비열한 인간이 아니었다는 점에 핵심을 둘 수 있습니다.

다윗의 이야기 중 가장 인상적인 사건은 아들 압살롬이 반역

했을 때입니다. 다윗이 살기 위해 맨발로 걸어 울면서 도망칠 때 사울의 가문 사람인 시므이가 도망치는 다윗을 향해 흙먼지와 돌을 던지며 저주를 퍼붓습니다.

이때 다윗의 충직한 부하 아비새가 "저놈을 단칼에 죽이고 오겠습니다"라고 말했습니다. 그때 다윗은 오히려 아비새를 나무라며 가만히 두라고 합니다. "하나님이 시켜서 그런 것이라면 우리가, 내가 어찌하겠는가?"라고 말합니다.

다윗은 어떤 사건에서든 하나님과의 관계를 생각하였습니다. 이미 어떤 상황에서도 감정대로 처리하지 않는 인간 다윗으로 하나님이 만들어 놓으셨기 때문입니다. 인간은 감정적인 존재입니다. 내가 어려울 때 돌을 던지고 욕했던 사람을 평생 용서할 수 없습니다.

다윗도 한때는 그런 유(類)의 인간이었습니다. 왕이 되기 전 이리저리 사울을 피해 도망 다니며 식량이 부족해 쌀 한 톨도 아쉬울 때가 있었습니다. 그때 그는 나발이라는 부자에게 사람을 보내어 식량을 얻어 오라고 했습니다. 물론 거저 달라는 것은 아니었습니다. 왜냐면 직간접적으로 나발의 양 떼를 지켜주었기 때문입니다.

나발은 도움을 청하러 온 다윗의 부하에게 다윗을 욕하고 자존심에 상처를 입히는 말을 뱉어냅니다. 이 소식을 들은 다윗은 분기탱천하여 단칼에 나발을 죽이겠다고 말을 타고 달려갑니다. 이때 나발의 지혜로운 아내 아비가일이 중간에 가로막고 서서 다윗을 설득합니다. 다윗은 분을 가라앉히고 진영으로 돌아옵니다.

이렇게 감정적이었던 다윗이 감정을 다스리는 한 인간으로 거듭난 것입니다. 그는 하나님과의 관계를 광야라고 하는 학교에서 익히고 자아가 깨어져서 새로운 사람으로 빚어졌습니다. 마침내 하나님이 믿고 내놓으실 수 있는 깨어진 인간으로 만들어집니다. 그것은 그의 심장을 하나님의 심장으로 바꾸어 놓은 광야의 시간이 있었기 때문입니다.

처음에 하나님이 만드신 인간은 하나님과 이웃과 피조물과의 관계를 아름답게 유지하는 인간이었습니다. 그러나 아담의 원죄 이후 인간은 하나님과 교통하고 관계하는 인간으로서의 모습을 상실했습니다.

유진 피터슨은 구약의 인간다움(human)이라는 단어와 신약의 그리스도인(christian)이라는 단어를 같은 의미로 사용합니다. 사람들은 종종 예수를 믿는다고 말하기 전에 사람부터 되라는 말을 합니다. 이 말은 그리스도인이 그리스도인답지 못하다는 이야기일 것입니다.

신학적으로 풀이하면 하나님이 원래 선하게 만드신 그 의도대로 바른 인간이 되라는 말입니다. 그래서 우리는 예수님을 믿는다고 말하기 전에 우리가 참 그리스도인으로 살아가고 있는지를 자신에게 먼저 물어야 합니다.

인간이 돈 좀 있고 알량한 권력 좀 있다고 능력과 재능 좀 있다고 자신을 왕처럼 만들며 살아가는 인생이 되지 말고 겸손하라는 말입니다.

그런 면에서 다윗은 우리에게 큰 교훈을 줍니다. 사실 그는 배울 점이 많거나 아버지와 남편으로 성공한 사람은 아닙니다. 그는 가정에 실패했고 자식 농사도 성공하지 못했습니다. 도덕적 윤리적으로 많은 결점을 가지고 있습니다. 그런데 왜 다윗일까요? 오직 하나입니다. 하나님과의 관계에 성공했기 때문입니다.

다윗은 한 번도 왕이었던 적이 없습니다. 그에게 있어 진정한 왕은 언제나 하나님 한 분뿐이었습니다. 하나님이 주신 왕이라는 타이틀도 하나님을 기쁘시게 한다면 얼마든지 언제든지 버릴 준비가 되어있었습니다. 흙처럼 모든 것을 받아들이고 품는 것이 인간의 원형입니다. 하나님과 관계하면 흙이 인간이 되지만 하나님과의 관계가 끊어지면 인간이 흙만도 못한 존재가 됩니다.

제가 존경하는 목사님이 계십니다. 지금은 작고하신 청주 좋은 교회 한영제 목사님입니다. 한 목사님을 만난 것은 제게 특별한 주님의 은총이었습니다. 목회의 길에 들어서면서 관계를 시작하여 그분이 오십 대 후반에 돌아가실 때까지 복된 관계를 유지했습니다.

한 목사님은 체구는 작지만, 지적으로나 영적으로나 인간적으로 매력이 많으신 분이셨습니다. 무엇보다 제게는 마음이 따뜻한 분으로 각인되어 있습니다.

폐암으로 돌아가시기 전까지 그분은 늘 자신의 약함과 싸우면서 정말 좋은 교회를 세워나가셨습니다. 세상적으로 이야기하면 목회에 성공하신 분입니다. 담임하는 교회가 크거나 목회자로서 유명해지면 사람이 차갑고, 다른 사람을 사무적으로 그리고 건성으로 대할 수 있습니다. 그러나 한 목사님은 제가 미리 연락도 드리지 않고 불쑥 찾아갈 때가 많았는데 그때마다 따스한 마음과 웃음으로 맞아 주시고 멘토의 역할을 해 주셨습니다. 참으로 따뜻하고 인간미 넘치는 분이셨습니다. 물론 관계는 상대적이라는 것을 인정합니다. 어떤 사람에게는 차갑게 보일 수 있고 어떤 사람에게는 따뜻하게 보일 수 있습니다. 제게 한 목사님은 늘 따뜻한 분이셨습니다.

한 목사님은 당신에게 인생의 시간이 얼마 남지 않았다는 것을 아시고 그 얼마간의 시간을 값지게 보내셨습니다. 자신 때문에 상처받은 사람이나 실망을 준 모든 사람을 일일이 만나셨습니다. 그리고 사과하고 용서를 빌며 인생을 아름답게 마무리하고 하늘나라로 가셨습니다.

언제가 목사님을 찾아뵈었을 때 이런 말씀을 하셨습니다.

"장 목사! 물이 너무 깨끗하면 고기가 안 모여."

한참 젊은 패기에 옳고 그름만 생각하며 목회하는 저에게 훈수 한 수를 주신 겁니다. 목회와 인생은 옳고 그름보다 더 중요한 것이 있다는 말씀이십니다. 사랑으로 이런 훈수를 주시는 선배님이 그리워지는 시대입니다.

세 왕 이야기

선지자 사무엘이 소년 다윗에게 기름을 붓는 그날. 이날은 다윗에게 엄청난 날이었습니다. 그러나 이날은 왕의 자리로 인도된 날이 아니라 고통의 시간으로 인도된 날이었습니다. 앞으로 펼쳐질 십수 년간의 고난과 괴로운 날들, 지옥과 같은 고통으로 이끄는 순간이었습니다. 바로 깨어짐의 학교에 입학한 날이었습니다.

그 이후 골리앗을 물리친 그는 왕과 함께 성 안에서 살게 되었습니다. 이때부터 사울의 마음에 시기가 싹트기 시작했습니다. 그리고 동시에 자신의 위치에 불안해하기 시작합니다. 과연 다윗이 정당한 방법으로 왕위에 오를 것인지 아니면 비열한 방법으로 왕위에 오를 것인지 그것이 사울 왕을 미치게 하는 일 중의 하나였습니다.

다윗은 매우 불편한 상황에 놓이게 되었습니다. 그렇다면 하나님은 왜 다윗을 이런 불편한 상황에 놓이도록 하셨을까요? 고통을 통과한 사람들, 하나님께서 그렇게 찾으셨지만 찾아볼 수 없는 그런 종류의 사람, 하나님은 깨어진 그릇을 원하셨던 것입니다.

하나님은 대학교를 하나 가지고 계십니다. 그것은 아주 작은 학교이지요. 소수의 사람이 입학해서 극소수가 졸업합니다. 하나님이 이 학교를 가지고 계신 이유는 그분에게 깨어진 사람들이 없기 때문입니다. 순종과 깨어짐을 배우는 이 신성한 학교에 왜 그렇게 학생들이 적을까요? 그것은 이 학교에 있는 모든 사람이 겪어야 할 많은 고통 때문입니다. 다윗은 이 학교의 학생이었고 사울은 다윗을 깨뜨리기 위해 하나님이 선택한 방법이었습니다. 사울이 더욱더 미쳐감에 따라 다윗은 하나님께서 왜 자신을 사울 왕의 궁전에 있게 하셨는지 알게 되었습니다.

누군가 당신에게 미움의 창, 분노의 창, 질투와 질시의 창을 던진다면 당신은 어떻게 하시겠습니까? 이 세상의 모든 사람은 창이 자신에게 던져질 때 어떻게 해야 하는지 잘 알고 있습니다. 당연히 그 창을 집어 곧장 되돌려 던지지 않겠습니까? 그리고 이것을 통해 당신은 여러 가지를 증명할 것입니다. 당신은 용맹스럽고, 정의의 편이고, 불의에 담대하고…….

그러나 투창 역사상 다른 어떤 사람과는 달리 다윗은 창이 자기를 향해 던져졌을 때 어떻게 해야 할지 알지 못했습니다. 그는 사울의 창들을 되돌려 던지지 않았습니다. 또 자신의 창을 만들어 던지지도 않았습니다. 다윗에게는 뭔가 다른 점이 있었습니다. 그가 한 것이라곤 재빨리 몸을 피하는 것뿐이었습니다. 여러분들은 창에 맞은 사람을 쉽게 알아볼 수 있을 것입니다. 그는 좋지 않은 감정들로 짙은 그늘을 띤 얼굴을 하고 있기 때문입니다.

다윗은 한 번도 창에 맞지 않았습니다. 그는 아주 깊이 감추어진 비밀을 서서히 배워갔습니다. 그는 자신이 창에 맞지 않도록 보호해 줄 세 가지 방법을 터득하게 되었습니다. 첫째, 인기 있고 숙달하기 쉬운 창던지기 기술을 전혀 배우지 않는 것입니다. 둘째, 창 던지는 사람들과 함께 있지 않도록 하는 것입니다. 셋째, 입을 꼭 다무는 것입니다.

다윗이 터득한 이 세 가지 방법을 사용하면 당신을 향해 날아오는 창이 당신의 심장을 꿰뚫고 지나더라도 결코 당신을 쓰러뜨리지 못할 것입니다. 당신의 억울한 마음과 주위의 부추김을 피해 갈 것입니다.

하나님은 정당함을 내세워 보복하고자 하는, 당신 안의 사울 왕을 보고 계십니다. 하나님이 다윗의 심장 안에 있는 사울을 제거하지 않으셨다면 양치기 다윗은 사울 왕 2세로 성장했을 것입니다. 다윗의 심장 안에 있는 사울을 제거하는 수술은 실상 여러 해가 걸린 것이었고 환자를 거의 죽게 할 만큼 무자비한 수술이었습니다. 그러면 이 속사람 사울을 제거하기 위해 하나님이 사용하신 메스와 집게는 무엇이었습니까? 하나님은 바로 겉 사람 사울을 쓰신 것입니다.

다윗은 이런 운명을 받아들였습니다. 그는 잔인한 상황들을 포용하였습니다. 그는 응수하지 않았고 대항하지도 않았습니다. 그는 자신의 경건함을 보이기 위해 박수갈채를 유도하는 연기도 하지 않았습니다. 그는 잠잠히 혼자서 그 가혹한 시련을 겪었습니다. 그의 속사람은 거의 절단되었습니다. 그의 성품이 변화되었습니다.

엉켜 흐르는 피가 그쳤을 때 다윗은 거의 알아볼 수 없을 정도였습니다. 다윗은 사울의 왕궁을 떠날 때 억울함에 관해 말 한마디 하지 않았고 사울을 향해 응수하지도 않았습니다. 다윗은 떠나면서 왕국을 분열시키지 않았습니다. 그는 혼자 떠났습니다. 진정한 하나님의 기름 부음을 받은 자는 떠날 수가 있는 것입니다. 왕국을 떠나는 길은 단 한 가지입니다. 혼자 아무도 없이 혼자서.

이제 그는 양치기일 때보다 가진 것이 없었습니다. 수금도, 태양도 심지어 함께 있을 양들도 없었습니다. 왕궁의 기억도 사라졌습니다. 다윗이 품었던 큰 야망은 부질없는 야망이 되고 모든 것이 깨지고 있었습니다.

그는 동굴에서 노래를 불렀습니다. 그 한 곡조마다 기도와 눈물이 짝을 이루었습니다. 고통이 낳아준 것은 참 묘하지 않습니까? 그는 동굴 속에서 가장 위대한 찬송 작가가 되었으며 모든 깨어진 마음들을 위한 가장 큰 위로자가 되었습니다. 고통이 분만하고 있었습니다. 겸손이 태어나는 중이었습니다.

세상의 기준으로 볼 때 그는 아주 완벽히 실패한 사람이었습니다. 그러나 하늘의 기준으로 보면 그는 깨어진 사람이 된 것입니다. 다윗을 따르기 위해 모인 수백 명의 사람 앞에 선 그는 새롭게 변해 있었습니다. 성품, 성격, 인격 등 모든 것이 변해 있었습니다. 이스라엘 왕국에 처음으로 진정한 왕이 태어나고 있었습니다.

사무엘상 24장에는 엔게디 광야의 동굴에서 잠든 사울을 죽이지 않은 다윗의 이야기가 나옵니다. 다윗을 따르던 무리는 동굴 속에서 사울 왕을 죽이고 모든 고통의 순간을 끝내지 않은 다윗을 향해 항의했습니다. "이것 봐요. 다윗! 우리는 불과 한 시간 전에 자유로울 수 있었습니다. 그런데 당신은 어째서 이런 고통의 날들을 끝내지 않는단 말입니까?" 다윗의 대답은 단호했습니다. "그가 날 죽이는 것이 내가 그의 방법을 배우는 것보다 낫소. 그가 날 죽이는 것이 내가 그와 같은 자가 되는 것보다 낫단 말이요. 나는 왕들을 미치게 하는 방법을 택하지 않겠소. 나는 보복하지 않을 거요! 결코, 보복하지 않을 거요!" 하나님께서는 이제 믿을 만한 한 사나이를 보게 되었고, 그분의 권위를 보여줄 수 있는 한 사람을 보게 된 것입니다.

하나님의 능력을 받았다고 하는 사람들이 있습니다. 그들 중에는 군대를 일으켜 적을 무너뜨린 이도 있으며, 하나님의 크신 능력을 나타낸 이도 있고, 훌륭한 웅변술로 설교하며 예언을 한 사람도 있었습니다. 그들은 창을 던졌고, 다른 사람을 미워했으며, 다른 사람을 공격했고, 사람을 죽일 계획을 꾸몄으며, 그리고 멋대로 예언했습니다. 그렇다면 하나님의 능력을 받았다고 하는 이들 중 어떤 이가 다윗이고, 어떤 이가 사울인지를 누가 알 수 있을까요? 하나님은 아십니다. 그러나 하나님은 누가 다윗인지 누가 사울인지 말씀하지 않으십니다.

다윗을 쫓던 사울 왕이 죽고 다윗은 이스라엘의 왕이 되었습니다. 시간이 흘러 다윗이 그 옛날 자신을 죽이려 했던 사울 왕만큼의 세월과 나이를 먹었을 때, 공교롭게도 젊은 아들 압살롬이 늙은 다윗을 죽이고 왕권을 찬탈하려 하였습니다. 다윗은 젊었을 때는 늙은 왕 사울에게, 늙어서는 젊은 아들 압살롬에게

쫓기게 되었습니다.

이때 다윗의 충직한 장수 아비새는 배은망덕한 압살롬을 단번에 죽이기를 청원합니다. 그러나 다윗의 대답은 옛날이나 지금이나 변함이 없습니다. 그는 아비새에게 이렇게 말합니다.

"아비새, 그를 막기 위해선 나는 사울이 되든가 아니면 압살롬이 되어야 해. 내가 확실히 말할 수 있는 것은 젊은 날의 나는 압살롬이 아니었고, 지금 노년의 나는 사울과 같이 될 수 없다는 거라네. 비록 이에 대한 대가로 내 왕좌와 이 나라 더 나아가 내 목숨을 내놓게 되더라도 나는 압살롬을 죽일 수 없네. 생각해 보게. 하나님은 권세 있는 미친 왕으로부터 아무 힘이 없는 한 목동을 구해내셨지. 그분은 역시 야망에 찬 젊은 반역자로부터 늙은 왕을 구하실 수 있을 거라네."

아비새가 말했습니다.

"다윗왕이여 당신이 처한 역경을 과소평가하지 마소서!"

"아비새! 너야말로 내 하나님을 과소평가하고 있군."
하고 다윗왕이 진지하게 응답했습니다.

"내가 이 일로 인해 죽음에 이를지라도 사울 왕의 길이나 압살롬의 길을 걷기보다는 나의 길을 걷는 것을 택하겠네. 왕국은 그렇게까지 귀한 것은 아니네. 만일 그것이 하나님의 뜻이라면 그로 하여금 이 왕국을 갖게 하게. 다시 말하겠네. 나는 왕과 지도자의 위치를 갈망하는 것보다 하나님의 뜻을 더욱 갈망하네!"

다윗은 수십 년 전이나 지금이나 전혀 차이가 없습니다. 다윗은 아주 오래전 사울 왕을 피해 광야생활을 할 때처럼 하나님과 먼저 관계하고 그 다음에 자기 위에 있던 사람과 관계했던 것처럼, 지금도 역시 하나님과 먼저 관계하고 그 다음에 자기 밑에 있는 사람과 관계하고 있습니다. 차이가 없습니다. 전혀. 그에게 권위와 권세가 있는데도 말입니다.[2]

제가 『세 왕 이야기』라는 책을 처음 읽은 것은 1997년 부목사 시절이었습니다. 제가 부목사로 시무하던 교회에서 친구 임용택 목사님을 부흥회 강사로 모셨는데 그때 그 친구가 이 책을 권해 주었습니다. 이 책을 읽고 너무 감동되어 청년부원들과 연극으로도 만들었습니다. 이 책의 두께는 얇지만 감동은 매우 두꺼운 책입니다. 그 후 이 책은 제게 아주 특별한 책이 되었습니다. 제가 매년 한 번씩 읽는 책이 되었으니까요.

세 왕 이야기는 사울과 다윗과 압살롬을 매우 설득력 있게 조명했습니다. 특히 다윗이 사람을 상대하기 전에 언제나 하나님을 먼저 상대했다는 대목과 젊어서의 다윗은 젊은 압살롬 같지 않았고, 늙어서의 다윗은 늙은 사울 왕과 같지 않았다는 대목은 압권이었습니다.

다윗이 이런 태도로 살 수 있었던 것은 바로 하나님과의 바른 관계를 맺고 살았기 때문에 가능한 일이었습니다. 그래서 저는 진 에드워드의 『세 왕 이야기』를 사랑하는 사람들에게 꼭 추천합니다.

---

2) 진 에드워드, 세 왕 이야기(출판: 예수전도단, 1992).

말씀 들여다보기

삼하 16:5 [다윗과 시므이] ○다윗 왕이 바후림 마을에 가까이 이르렀을 때에, 갑자기 어떤 사람이 그 마을에서 나왔는데, 그는 사울 집안의 친척인 게라의 아들로서, 이름은 시므이였다. 그는 거기에서 나오면서, 줄곧 저주를 퍼부었다.

삼하 16:6 다윗 왕의 모든 부하와 모든 용사가 좌우에 서서 왕을 호위하고 가는데도, 그는 다윗과 그의 모든 신하에게 계속하여 돌을 던졌다.

삼하 16:7 시므이가 다윗을 저주하여 말하였다. "영영 가거라! 이 피비린내 나는 살인자야! 이 불한당 같은 자야!

삼하 16:8 네가 사울의 집안사람을 다 죽이고, 그의 나라를 차지하였으나, 이제는 주님께서 그 피 값을 모두 너에게 갚으신다. 이제는 주님께서 이 나라를 너의 아들 압살롬의 손에 넘겨주셨다. 이런 형벌은 너와 같은 살인자가 마땅히 받아야 할 재앙이다."

삼하 16:9 ○그러자 스루야의 아들 아비새가 왕에게 아뢰었다. "죽은 개가 높으신 임금님을 저주하는데, 어찌하여 그냥 보고만 계십니까? 제가 당장 건너가서 그의 머리를 잘라 버리겠습니다."

삼하 16:10 ○왕은 대답하였다. "스루야의 아들아, 나의 일에 너희가 왜 나서느냐? 주님께서 그에게, 다윗을 저주하

라고 분부하셔서 그가 저주하는 것이라면, 그가 나를
저주한다고, 누가 그를 나무랄 수 있겠느냐?"

삼하 16:11 ○그런 다음에 다윗이 아비새와 자기의 모든 신하에게 말하였다. "생각하여 보시오. 나의 몸에서 태어난 자식도 나의 목숨을 노리고 있는데, 이러한 때에, 하물며 저 베냐민 사람이야 더 말해 무엇하겠소. 주님께서 그에게 그렇게 하라고 시키신 것이니, 그가 저주하게 내버려두시오.

삼하 16:12 혹시 주님께서 나의 이 비참한 모습을 보시고, 오늘 시므이가 한 저주 대신에 오히려 나에게 좋은 것으로 갚아 주실지, 누가 알겠소?"

삼하 16:13 다윗과 그 부하들은 계속하여 길을 갔다. 그래도 시므이는 여전히 산비탈을 타고 다윗을 따라오면서 저주하며, 그 곁에서 돌을 던지고, 흙먼지를 뿌렸다.

19

아비가일 – "말"과 관계 맺음

아비가일의 뜻은 '기쁨을 주는 자'입니다

말과 언어는 다르다고 생각합니다. 언어는 그냥 의사소통이고 말은 그 사람의 인격입니다.

사람들의 대화 중에 '그 사람은 말할 줄 모른다'라는 말이 '그 사람은 벙어리다'라는 뜻이 아니라는 것을 우리는 압니다. 반면 '그 사람 말을 잘해'라는 문장 속에는 '그 사람의 말이 사람의 마음에 훈훈한 용기와 생기를 심어 준다'라는 의미가 담겨 있다는 걸 압니다.

말에는 의미가 담겨 있고, 말하는 이의 인격이 담겨 있습니다. 그래서일까요? 고대인들은 말과 마음과 생각과 행동을 따로 분리하지 않고 하나로 보았습니다. 어떤 말을 하고 살아가느냐가 중요합니다. 좋은 말을 하기 위해서는 좋은 마음이 필요하고, 좋은 말은 좋은 행동과 좋은 관계로 우리를 이끌어 줍니다.

우리 주님도 마지막 날의 심판에 대해 가르치시면서 '말'에 대한 심판을 말씀하셨습니다. 말 때문에 운명이 달라지는 경우가 허다합니다.

민수기에 나오는 열두 정탐꾼 이야기도 운명이 혀끝의 말에 달려 있음을 보여줍니다. 하나님은 말을 중요시 여기십니다. 열두 명의 정탐꾼 중 부정적인 보고를 한 자와 긍정적인 말을 한 자를 하나님은 구별하셨습니다. 여호수아와 갈렙의 긍정적인 보고는 하나님과의 관계를 강화했습니다. 나머지 열 명의 부정적 보고의 말은 이스라엘과 하나님의 관계를 파괴했습니다. 하나님께서는 이스라엘이 말 한대로 귀에 들리는 대로 행하시겠다고 하셨습니다.

아비가일과 부자 나발은 부부입니다. 재산만 많고 그것을 잘 사용할 줄 모르는 탐욕적이고 비인격적인 나발과 지혜롭고 자비한 아비가일은 서로 대비되는 부부입니다. 이렇게 다른 두 사람이 어떻게 부부가 될 수 있었는지 우리는 모릅니다. 돈 많은 나발이 가난한 아비가일의 가정에 많은 돈을 주고 아비가일을 사 온 게 아닐까 유추해 봅니다. 왜냐하면 이 둘이 사랑으로 부부가 되었다고 하기에는 이해하기 어려운 정황이 성경에 기록되어 있기 때문입니다.

다윗이 나발의 양털 깎는 잔치의 날에 부하들을 나발에게 보내어 식량을 좀 얻어 오라고 하였습니다. 그런데 다윗의 부하들이 가지고 온 것은 식량이 아니라 다윗에 대한 조롱과 업신여김이었습니다. 나발이라는 인간의 어리석은 말, 불량한 말을 가지고 온 것입니다. 다윗은 즉시 분노했고 사백 인을 거느리고 나발을 죽이겠다고 달려갔습니다. 이 사실을 안 아비가일은 식량과 먹을 것을 준비해서 싸우러 오고 있는 다윗을 찾아가 그의 분노를 가라앉히는 지혜로운 말을 합니다. 다윗은 그녀의 말에 감정을 추슬렀고 아비가일의 환대에 복수의 칼을 내려놓고 되돌아갔습니다.

한마디로 말하면 아비가일은 지혜로운 말을 통해서 다윗이 살인죄를 짓지 않도록 한 것입니다. 하나님과의 관계를 지켜 준 것입니다. 다윗은 분노로 자신의 하나님을 잃었었습니다. 그런데 지혜로운 여자 아름다운 여자, 아비가일이 생명의 말로 다윗이 잠시 잃어버린 하나님을 찾아 주었습니다.

나발의 정제 없는 교만한 말은 자신과 다윗과의 관계를 무너뜨렸고 결국 그는 생명을 잃었습니다. 반면에 아비가일은 매사에 지혜롭고 살리는 달로 후에 다윗의 아내가 됩니다. 말이라고 다 말이 아닙니다.

돈이 안 든다고 말을 함부로 하는 사람들이 많습니다. 말은 축복과 저주에 깊이 관여합니다. 한마디의 말이 나발 자신에게 저주가 되어 돌아왔습니다. 반면에 아비가일의 지혜롭고 사람을 살리는 말은 아비가일에게 축복을 가져다주었습니다.

모든 관계를 깨뜨리는 것도 말이고 모든 관계를 세우는 것도 말입니다. 말을 할 때는 보석을 정교하게 다듬듯이 잘 다듬어서 해야 합니다.

제 나이 삼십 살에 경북 봉화 석포에 개척교회를 세웠습니다. 이름을 석포소망교회라고 지었습니다. 당시 저는 석사 과정 중이었기에 기차를 타고 서울에 올라가서 대학원 공부를 하였고 수요일에 집에 돌아오곤 했습니다. 학교가 서대문구 냉천동에 있었는데 수업이 끝나면 잘 데가 없어 목욕탕, 독서실, 친구 집을 전전하며 대학원 공부를 마칠 수 있었습니다.

석포소망교회는 성경 말씀대로 시작은 정말 미미했습니다. 사글세로 집을 얻어 교회 개척을 시작했습니다. 집 내부를 반으로 나누고 합판으로 벽을 세워 반은 집주인이 사용하고 나머지 반은 우리가 교회 겸 사택으로 사용하였습니다. 예배실이라고 해봤자 두어 평도 안 되는 방이었습니다. 성도가 없어 불쌍해 보였던지 주인집 아주머니가 우리 교회 1호 신자가 되어 주었습니다. 이름이 '강갑구' 집사님이십니다. 30년이 지나도 그 이름을 선명하게 기억할 수 있는 것은 그분의 기도 때문입니다.

저는 집에 돌아오면 파김치가 되어서 새벽에 일어나기가 힘들 때가 많았습니다. 그런데 이 집사님이 그때마다 그냥 지나가는 것이 아니라 늘 깨웠습니다. "전도사님요! 새벽기도 나갈 시간입니다. 어서 일어나이소." 아! 정말 괴로웠습니다. 눈치껏 기도하시고 가면 되는데 끝까지 저를 깨웁니다. 새벽기도 때와 대표기도 때 한결같이 기도하시던 내용이 있습니다. "뛰고 뛰는 우리 전도사님…… 발걸음도 가볍게 하시고……" 이 구절이

인이 박혀 지금도 기억이 생생합니다.

강 집사님 덕분에 저는 발걸음 가볍게 뛰고 뛰는 전도사가 될 수 있었고, 하나님이 힘을 주시어 교회 건축도 하고 석포에서의 제 사명을 다하고 서울에 있는 교회로 부목사로 가게 되었습니다.

"뛰고 뛰는 우리 전도사님 발걸음도 가볍게 하시고."

지금 생각해 보아도 저에게 너무 좋은 말이었습니다.

강갑구 집사님! 감사합니다!

어느 동네에 일어난 기적

어느 동네에 기적이 일어났다고 합니다. 그 동네에 늙은 부부가 살고 있었는데 남편과 아내가 동시에 치매에 걸렸습니다. 자식들은 평소 별로 사이가 좋지 않았던 두 분을 다른 기관에 따로따로 모셨습니다. 그런데 두 곳을 찾아다니다 보니 힘이 든 자식들은 두 분을 한 기관으로 모시고 한 방을 쓰게 했습니다.

부부가 한방을 쓰게 되자 치매에 걸린 할아버지가 같이 치매에 걸린 할머니를 "예쁘다, 예쁘다" 하면서 쓰다듬기 시작했습니다. 날마다 손발을 씻기고 안아 주고 어루만져 주면서 극진히 돌보고 사랑하기 시작한 것입니다. 몇 달을 그렇게 하자 기적이 일어났습니다. 할머니의 치매가 나은 것입니다. 자식들은 기뻐하면서 할머니에게 "어머니도 아버지를 그렇게 좀 사랑해 드리세요"라고 권했습니다. 사랑을 받으면 치매도 낫는다는 사실을 알게 된 자식들은 아버지에게도 기적이 일어나길 기대하며 어머니에게 부탁했던 것입니다.

그런데 할머니는 그렇게 할 수 없었습니다. 그 이유를 어떤 분이 이렇게 간단하게 정리했습니다. "제정신이 돌아왔으니까 못하지. 영감이야 제정신이 아니었으니 그렇게 할 수 있었던 거고." 사랑은 제정신이 아니어야 할 수 있다는 것입니다. 사랑은 눈에 콩깍지가 씌어야만 하거나 제정신이 아닐 때 할 수 있다는 것입니다. 어쨌든 쓰다듬고 안아 주는 사랑을 받게 되었던 할머니가 나았다는 게 이 이야기의 핵심입니다.

해리 할로우라는 미국의 유명한 심리학자는 원숭이를 대상으로 대리모 실험을 했습니다. 할로는 두 개의 가짜 어미를 만들었는데 하나는 물렁한 고무에 부드러운 벨벳 천을 싸서 만들었지만 새끼들이 먹을 수 있는 먹이를 전혀 갖고 있지 않았습니다. 다른 하나는 딱딱하고 차가운 철사로 만든 후 간이 젖꼭지에서 젖이 나올 수 있도록 설계하였습니다. 165일 동안 진행된 이 연구의 결과는 원숭이 새끼들이 따뜻하고 부드러운 천 대리모에게만 매달려 지냈다는 것입니다. 이것을 '접촉 위안'이라고 합니다.

모든 생물체는 부드러운 신체접촉을 할 때 성장하고 행복할 수 있다는 것입니다. 그리고 치매도 낫게 할 수 있다는 것이 그 동네에서 일어난 기적이 입증하고 있는 셈입니다. 그런데 치매에 걸리기 전에 서로 보듬어 안아 주고 쓰다듬어 주면서 사랑한다면 어떻게 될까요?[1)]

우리가 성경공부를 하고, 많은 성경 지식을 가졌다고 해서 세상이 우리를 주님의 제자로 인정하는 것은 아닙니다. 주님은 '너희가 서로 사랑하면 이로써 모든 사람이 너희가 내 제자인 줄 알리라'(요13:35) 하셨습니다. 주님은 우리에게 서로 사랑하라 명령하셨습니다.

감정적 사랑보다 의지적 사랑이 더 중요합니다. 감정은 하루에도 몇 번씩 바뀝니다. 그러나 의지적 사랑은 항상성을 유지할 수 있습니다. 부드러운 것이 강한 것을 이깁니다. 말도 부드럽고 따뜻해야 합니다. 감정으로 말하지 않고 말을 깎아서 부드럽고 지혜롭게 말하는 의지적 표현이 중요합니다. 말은 습관을 만들고 습관은 태도를 만들고 태도는 운명을 만들기 때문입니다.

---

1) 오인숙, 권사님 동네에 일어난 기적(출판: 국민일보 기사, 2014.7.19).

말씀 들여다보기

삼상 25:18 ○아비가일이 서둘러 빵 이백 덩이와 포도주 두 가죽 부대와 이미 요리하여 놓은 양 다섯 마리와 볶은 곡식 다섯 세아와 건포도 뭉치 백 개와 무화과 뭉치 이백 개를 가져다가, 모두 나귀 여러 마리에 싣고,

삼상 25:19 자기의 일꾼들에게 말하였다. "나는 뒤따라 갈 터이니, 너희가 앞장서라." 아비가일은 이 일을 자기의 남편 나발에게는 전혀 알리지 않았다.

삼상 25:20 벌써 다윗이 부하들을 거느리고 그 여인의 맞은편에서 내려오고 있었으므로, 나귀를 타고 산굽이를 돌아 내려가는 아비가일이 그들과 마주쳤다.

삼상 25:21 다윗은 단단히 벼르고 있었다. "내가 저 광야에서 그에게 속한 것은 무엇이든지 지켜 주어, 그의 모든 재산 가운데서 아무것도 잃어버리지 않도록 하였으나, 그것이 모두 헛일이었다. 그는 나에게 선을 악으로 갚았다.

삼상 25:22 내가 내일 아침까지, 그에게 속한 모든 사람들 가운데서, 남자들을 하나라도 남겨 둔다면, [b]나 다윗은 하나님께 무슨 벌이라도 받겠다."

b 칠십인역과 시리아어역을 따름. 히, '다윗의 원수들은'

삼상 25:23 아비가일이 다윗을 보고 급히 나귀에서 내려서, 다윗 앞에 엎드려, 얼굴을 땅에 대고 절을 하였다.

삼상 25:24 그런 다음에 아비가일이 다윗의 발 앞에 엎드려 애원하였다. "죄는 바로 나에게 있습니다. 이 종이 말씀드리는 것을 허락해 주시고, 이 종의 말에 귀를 기울여 주십시오.

삼상 25:25 장군께서는 나의 몹쓸 남편 나발에게 조금도 마음을 쓰지 마시기 바랍니다. 그 사람은 정말 이름 그대로, 못된 사람입니다. 이름도 [c]나발인데다, 하는 일도 어리석습니다. 그런데다가 장군께서 보내신 젊은이들이 왔을 때에는, 내가 거기에 있지 않아서, 그들을 만나지도 못하였습니다.

c '어리석음'

삼상 25:26 장군께서 사람을 죽이시거나 몸소 원수를 갚지 못하도록 막아 주신 분은 주님이십니다. 주님도 살아계시고, 장군께서도 살아계십니다. 장군님의 원수들과 장군께 해를 끼치려고 하는 자들이 모두 나발과 같이 되기를 바랍니다.

삼상 25:27 여기에 가져온 이 선물은 장군님을 따르는 젊은이들에게 나누어 주시라고, 내가 가져온 것입니다.

삼상 25:28 이 종의 허물을 용서해 주시기 바랍니다. 장군께서는 언제나 주님의 전쟁만을 하셨으니, 주님께서 틀림없이 장군님의 집안을 영구히 세워 주시고, 장군께서 사시는 동안, 평생토록 아무런 재난도 일어나지 않도록 도와주실 것입니다.

삼상 25:29 그러므로 어느 누가 일어나서 장군님을 죽이려고 쫓아다니는 일이 있더라도, 장군님의 생명은 장군께서 섬기시는 주 하나님이 생명 보자기에 싸서 보존하실 것이지만, 장군님을 거역하는 원수들의 생명은, 주님께서, 돌팔매로 던지듯이 팽개쳐 버리실 것입니다.

삼상 25:30 이제 곧 주님께서 장군께 약속하신 대로, 온갖 좋은 일을 모두 베푸셔서, 장군님을 이스라엘의 영도자로 세워 주실 터인데,

삼상 25:31 지금 공연히 사람을 죽이신다든지, 몸소 원수를 갚으신다든지 하여, 왕이 되실 때에 후회하시거나 마음에 걸리는 일이 없도록 하시기 바랍니다. 주님께서 그처럼 좋은 일을 장군께 베풀어 주시는 날, 이 종을 기억해주시기 바랍니다."

삼상 25:32 ○다윗이 아비가일에게 말하였다. "주 이스라엘의 하나님이 오늘 그대를 보내어 이렇게 만나게 하여 주셨으니, 주님께 찬양을 드리오.

삼상 25:33 내가 오늘 사람을 죽이거나 나의 손으로 직접 원수를 갚지 않도록, 그대가 나를 지켜 주었으니, 슬기롭게 권면하여 준 그대에게도 감사하오. 하나님이 그대에게 복을 베풀어 주시기를 바라오.

삼상 25:34 그대에게 아무런 해도 입히지 못하도록 나를 막아주신 주 이스라엘의 하나님이 확실히 살아계심을 두고 분명 하게 말하지만, 그대가 급히 와서 이렇게 나를

맞이하지 않았더라면, 나발의 집안에는 내일 아침이 밝을 때까지 남자는 하나도 살아남지 못할 뻔하였소."

삼상 25:35 그리고 다윗은 그 여인이 자기에게 가져온 것들을 받고서, 이렇게 말하였다. "평안히 집으로 돌아가시오. 내가 그대의 말대로 할 터이니, 걱정하지 마시오."

20

솔로몬 – "일천번제"와 관계 맺음

솔로몬의 뜻은 '평화롭다'입니다

'솔로몬' 하면 만감이 교차하는 인물입니다. 부럽기도 하고 아니기도 하고 말이지요. 그의 전반기의 삶은 부럽지만 후반기의 삶은 그렇지 않습니다. 하나님이 그에게 지혜와 부귀영화를 다 주셨으니 현대인 입장으로 보면 부럽기가 짝이 없을 것입니다. 그런데 우리 주님은 다르게 말씀하셨습니다. "솔로몬의 모든 영광도 들에 핀 꽃 한 송이, 백합화 한 송이만도 못하다"(마 6:29)라고 결론 내려 주셨습니다.

이스라엘의 위대한 왕이었던 아버지 다윗의 뒤를 이어 어린 나이에 왕이 된 솔로몬은 솔직히 두려웠을 것입니다. 그래도 다행히 그에게는 자신이 지금 어떤 상태인가를 진단하고, 앞으로 어떤 왕이 되어야겠다는 나름대로 생각이 있었던 것 같습니다. 백성을 통치해야 하는데 그것도 잘 통치해야 하는데 자신의 실력이 부족합니다. 지적으로나, 경험으로나 많은 것이 부족하다는 것을 인식하면서 왕의 통치를 시작한 것은 그의 큰 장점이었습니다.

태도는 사실보다 중요합니다. 그가 국정 경험이 없고 아직 어리다는 사실보다 중요한 것이 있습니다. 자신의 무력함을 인지하고 하나님에 대한 믿음으로 기도했다는 태도가 더 중요합니다.

그가 왕이 되어서 한 것은 문무백관을 불러들여 잔치한 것도 성대한 취임식을 한 것도 아니었습니다. 솔로몬은 문무백관과 백성들을 데리고 기브온 산당에 가서 일천번제를 드리는 것으로 왕의 시작을 알렸습니다.

역사를 선지자의 관점에서 보느냐, 제사장의 관점에서 보느냐에 따라 얼마든지 달라질 수 있습니다. 선지자의 관점은 이스라엘 왕이나 백성들이 얼마나 순종했는가를 따라 역사를 평가합니다. 그러나 제사장의 관점은 이스라엘 왕이나 백성들이 얼마나 기도했는지, 제사장들이 하나님 앞에서 얼마나 바른 예배를 드렸는지를 중시합니다. 선지자의 관점이 이 세상에서 하나님의 말씀에 순종하며 사는 실제적인 삶을 다루는 수평적인 관점이라면 제사장적 관점은 하나님과 우리 사이에 걸림돌이 있나 없나 살펴보는 수직적인 관점입니다.

솔로몬이 처음 왕이 되었을 때 하나님 보시기에도 인간이 보기에도 정말 기특했습니다. 자신의 앞날을 하나님께 묻고 그 말씀에 순종하여 나라를 다스리겠다고 하는 것이 얼마나 기특합니까?

솔로몬이 하나님의 뜻을 간단히 알고자 했다면 예루살렘에 있는 언약궤 앞에 가서 제사장에게 간단히 묻고 왕의 임무를 수행해도 될 것입니다. 그런데 구태여 기브온 산당까지 간 이유는 말씀에 해당하는 언약궤가 예루살렘에 있었기 때문입니다. 반면 기도에 해당하는 번제단은 기브온 산당에 있었습니다. 그는 자신이 직접 하나님을 만나는 체험을 하고 하나님의 은혜와 축복을 받고 왕정을 시작하고 싶었습니다. 이것은 솔로몬이 하나님과 직접적인 관계를 맺고자 얼마나 열망했는지를 반증해 줍니다.[1]

여기서 중요한 것은 솔로몬이 일천 번의 제사를 드렸다고 하는 것입니다. 오늘날 생각해 보아도 대단한 일입니다. 일천 번을 다짐하고 드렸는지 아니면, 하나님의 축복을 받을 때까지 제사를 드리려 했는데 일천 번째 되었을 때 하나님이 나타나셔서 솔로몬을 만나 주셨는지가 중요합니다. 대부분 의견은 일천 번을 미리 작정해 놓고 드린 게 아니라는 것입니다. 일천 번을 드릴 때 하나님이 응답하신 거라고들 판단합니다. 이것이 정설이라면 기도의 주도권(initiative)이 누구에게 있는가에 대해 생각해 볼 수 있습니다.

솔로몬이 일천 번으로 횟수를 정해놓고 제사를 드렸다면 하

1) 김서택, 부흥의 비결(출판: 솔로몬, 2011).

나님의 주권을 훼손하는 것입니다. 그렇지 않고 오직 하나님이 응답하실 때까지 정성으로 제사를 드리다가 천 번째 되던 날 하나님이 응답하셨다면 그 주도권은 하나님께 있습니다.

우리가 하나님과 관계를 잘하려면 언제나 주도권과 주권을 하나님께 드려야 합니다. 만약 그가 삼백 번째나 구백구십구 번째에 번제를 멈추었다면 응답을 받지 못하고 실망하여 왕궁으로 돌아갔을 것입니다.

하나님의 응답, 하나님의 축복은 하나님과의 관계에 뿌리를 두어야 한다는 게 중요합니다. 관계가 우선이고 응답과 축복이 그다음입니다. 솔로몬의 일천번제는 하나님과의 관계를 위한 내용이고, 하나님의 응답은 그 관계에 대한 표현입니다.

어느 누구도 왕의 업무를 시행할 때 솔로몬처럼 천 번의 제사를 드린 사람이 없습니다. 아니 끝까지 그렇게 정성스럽고 간절한 마음으로 제사를 드린 왕도 사람도 없었습니다.

하나님이 소원을 묻자 그는 자신의 무능을 이야기하면서 백성을 잘 다스릴 수 있는 '지혜'를 달라고 하였습니다. 하나님은 이에 감동하여 그가 구하지 않은 부와 영화도 함께 주시겠다고 응답하셨습니다. 솔로몬의 일천번제는 해피 엔딩으로 끝납니다.

그러나 응답을 받고, 축복을 받은 후가 항상 문제입니다. 사람이 갑자기 부자가 되거나 많은 유산을 물려받아 거부가 되면 변합니다. 처음 가난한 마음은 사라지고 교만과 타락의 함정에 빠지고 맙니다. 사울 왕이 그랬습니다. 처음에는 겸손한 왕으로 시작했습니다. 그러나 시간이 지남에 따라 탐욕과 시기와 권력욕에 미쳐갔습니다.

솔로몬도 더 많은 부귀영화를 가지고 싶었고 명성도 가지고 싶었고 절대적인 왕권도 가지고 싶어졌습니다. 점점 하나님과의 영적인 관계가 멀어지고 있었습니다. 하나님과의 관계가 파탄 날 지경이었습니다. 그래도 하나님은 그에게 약속하셨던 모든 축복을 주셨습니다. 그런데 그 아들 때가 문제였습니다.

어찌 되었든, 솔로몬은 자신의 영향력을 더 많은 나라와 땅에 퍼뜨리고 싶었습니다. 나라의 안전과 풍요를 목말라했습니다. 지나치도록 말입니다. 이 육적이고 물질적인 추구는 목마른 자에게 바닷물을 먹이는 것 같습니다. 그리고 불을 끄고자 휘발유를 뿌리는 것과 같습니다.

주변국들과의 관계를 위해 정략결혼을 했고 그렇게 얻은 아내가 공식, 비공식적으로 천 명이나 되었습니다. 이 여인들이 솔로몬의 왕궁에 들어올 때 몸만 온 것이 아니었습니다. 자신들이 섬기는 우상을 가지고 왔습니다. 이 우상들은 왕궁과 백성의 신앙 근간을 파괴했습니다. 결국, 솔로몬의 아들 르호보암 때 나라는 북쪽과 남쪽으로 두 동강이 나게 되었습니다.

돈, 권력, 섹스가 지배하는 시대가 되었습니다. 현대의 시대는 솔로몬 시대처럼 많은 부귀영화의 문명을 누리고 있습니다. 돈이 하나님의 자리를 대신 차지하는 맘몬의 시대, 우상의 시대, 타락의 시대를 살아가고 있습니다.

문제는 교회도 솔로몬의 영광처럼 찬란한 부흥(?)만 꿈꾸고 있다는 것입니다. 이 땅의 교회가 세상과의 관계에만 몰두하게 되자 하나님과의 관계는 형식적인 것으로 전락하여 참된 복음이 사라지고 있습니다. 이 결과로 참된 구원도 찾아보기 힘든 시대가 되었습니다.

여러분이 정말 원하는 것은 무엇입니까? 들의 백합화만도 못한 솔로몬의 영광입니까? 날 구원해 주신 하나님의 은혜에 감격하며 들꽃 한 송이를 바라보면서도 행복해 할 수 있는 주님의 은총입니까?

☘

일산에 '아름다운 교회'를 개척하고 아내는 일천번제를 계속 드리고 있었습니다. 솔직히 우리의 형편에 매일 얼마의 돈을 따로 떼어 하나님께 일천번제를 드리며 기도하는 것은 쉬운 일이 아니었습니다. 그러나 아내는 이 일을 정성스럽게 하고 있었습니다.

아내는 작은 물질이지만 정성으로 일천번제를 드리기 위해 매번 은행에 들러 새 돈으로 바꾸어 하나님께 기도와 물질을 정성으로 드렸습니다. 그리고 하나님이 은혜를 베푸시어 우리는 땅을 사고 교회를 건축하고 입당예배를 드리게 되었습니다.

입당예배의 날짜는 이런저런 사정을 고려해서 2001년 4월 19일에 드리기로 하였습니다. 그런데 그때는 정신이 없어 그냥 지나쳤으나 후에 놀라운 일치를 발견했습니다. 제 아내의 일천

번제가 끝나는 날 입당예배를 드리게 된 것입니다. 일부러 맞추려 한 것도 아닌데 입당예배와 일천번제의 기도가 정확히 일치함에 우리 부부는 놀랐습니다.

하나님은 어제나 오늘이나 영원히 동일하십니다. 솔로몬의 정성을 보신 하나님이 우리의 정성을 보셨고, 그리고 여러분의 정성도, 기도도 보실 것입니다.

돌아온 아버지

"나는 그에게
잃어버린 40년의 세월을
보상해 주어야만 합니다."

영호마을은 서울에서 남쪽으로 600km 떨어져 있는 곳으로, 주민은 257명 정도 됩니다. 이곳은 소록도에서 치료받던 나환자들이 호전되어 양성에서 음성으로 바뀐 후 육지로 나가서 살고자 할 때 모여 사는 두 마을 중의 하나입니다. 이곳 영호마을의 한 교회에서 10여 년간 사역하던 김요석 목사가 전해주는 이야기입니다.

어느 날 성가대에서 베이스를 맡아 노래하고 있는 정 씨가 무슨 큰일이라도 일어난 것처럼 허둥지둥 들어오더니, 그의 아버지를 소개해 드린다고 했습니다. 그의 앞에 일흔이 넘어 보이는 노인이 미닫이문에 몸을 반쯤 숨기고 있었습니다. 그는 당황했는지 자신이 쓴 밀짚모자 테두리를 손가락으로 만지작거리고 있었습니다.

"안으로 들어오시지요."

할아버지는 고개를 들었습니다. 거센 비바람에 주름진 구릿빛 얼굴이었습니다. 양쪽 눈에서는 눈물이 흐르고 있었습니다. 세 사람은 작은 상에 둘러앉아 수박을 먹었습니다.

"저를 이 섬에서 살게 해주실 수 없습니까? 저도 여기 와서 예수 믿고 살려고 하니 세례부터 주십시오."

느닷없는 요청에 당황한 표정을 지었습니다.

"아니, 노인장께서는 정상으로 보이는데 여기 나환자들과 같이 살다니요? 영감님, 여긴 살 데가 못됩니다. 여긴 특별한 사람만 사니까요."

"뭐가 특별합니까? 나도 병신이니까 여기 살게 해주세요. 제발."

그저 해본 소리는 아닌 듯 사뭇 진지한 표정으로 이야기하는 노인을 바라보니, 무언가 모를 감정에 사로잡히게 되었습니다. 자리를 권하자 앉은 그 노인은 한숨을 한 번 쉬더니 입을 떼기 시작했습니다.

"저에게는 모두 열 명의 자녀가 있었지요."

"열 명이나요?!"

"예. 아들 여덟과 딸 둘을 두어 10남매를 두고 살았답니다. 그런데 그중 한 아이인 넷째 아들 근선이가 갑자기 문둥병에 걸렸던 겁니다."

"언제 이야기입니까?"

"지금부터 40년 전 이 아이가 열한 살 때였지요. 발병 사실을 알았을 때 우리 식구에게 그런 일이 생겼다는 것을 믿을 수도 없었고, 우선은 동네에 창피해서 견딜 수가 없었지요. 우리는 그 사실을 오랫동안 숨길 수가 없었습니다. 우리 아이가 문둥병에 걸렸다는 말이 온 동네에 파다하게 퍼졌지요. 그래서 여러 가지 계획을 세우고 하루 종일 그 생각만 했지만 아무리 생각해도 딴 도리가 없었습니다. 그저 우리가 할 수 있는 행동은, 그 아이를 가족이나 동네로부터 격리하는 것이었습니다."

"이런 곳으로 왔겠군요."

"그렇습니다. 소록도에 나환자촌이 있다는 말만 듣고 우리 부자가 길을 떠난 것은, 어느 늦여름이었습니다. 1950년 6.25 전 후, 그때만 해도 '이 아들 여기에 갖다주면 잃어버린다'라는 생각이 앞섰고 교통도 매우 불편해서 서울을 떠나 소록도까지 가는 여정은 멀고도 힘든 길이었죠. 하루, 이틀, 사흘…….

더운 여름날, 먼지 나는 신작로를 걷다가 타다가 하는 중에, 우린 모두 지쳐 버리고 만 겁니다. 어린 것이 하루 종일 걸었으니 얼마나 피곤했겠어요? 어느 산속 나무 그늘 밑에서 쉬는 중이었는데, 피곤해서 쭈그리고 자는 아이를 보니 참 안됐어요. '아이가 앞으로 그곳에 가면 죽었다 생각하고 다시는 안 보겠는데, 아이는 평생 병신으로 고생하겠구나! 그럴 바에야 차라리 내가 죽이고 여기 파묻어 버리자! 그게 애를 위해 더 낫지 않겠는가?' 문득 그런 마음이 들어서 바위를 들었지요. 마음 내키지는 않았지만 잠든 아이를 향해 힘껏 돌을 던져 버렸습니다. 그런데 그만 바윗돌이 빗나가버리고 만 거예요. 이를 악물고 다시 돌을 들었지만, 차마 또다시 그런 짓을 할 수는 없었지요. 아이를 깨워 다시 가던 길을 계속했습니다. 그런데 문제는 소록도에 다 왔을 때 일어났습니다.

배를 타러 몰려든 사람 중에 눈썹이 빠지거나 손가락이며 코가 달아난 문둥병 환자를 정면으로 보게 된 것입니다. 그들을 만나자 아직은 멀쩡한 내 아들을 소록도에 선뜻 떠다밀 수가 없었습니다. 내 아들도 앞으로 저렇게 되리라 생각하니까 너무 안돼서 아이를 끌고는 부둣가 끝으로 왔습니다. 멈칫거리다가 배를 놓치고만 나는, 마주 서 있는 아들에게 내 심경을 이야기했지요.

"저런 모습으로 살아서 무엇하겠니? 니 팔자도 참 나쁘다. 그리고 나도 네 아비로서 참 안됐으니까, 몹쓸 운명이라 생각하며 차라리 너하고 나하고 함께 죽는 길을 택하자. 너 혼자 죽일 순 없고, 너랑 나랑 같이 죽자."

고맙게도 아이가 이해하더군요. 우리는 나루터로 돌아 아무도 없는 바닷가로 갔습니다. 신발을 벗어놓고 물속으로 들어가는데, 어찌나 눈물이 나오던지. 한발 두발 깊은 곳으로 들어가다가 거의 내 가슴높이로 찼을 때 조금만 삐끗하면 물에 빠져 죽을 판인데, 아들이 갑자기 돌아서더니 내 가슴을 밀며 악을 써 대는 거예요.

"아부지, 문둥이는 나 혼자지, 아부지는 아니잖아요? 죽일 놈은 나 하나요. 병신은 나이지, 아부지는 아니잖아요? 아부지는 살아요. 나 혼자 죽을게요. 나 혼자 여기 던지고 가세요."

그러면서 아부질 살리려고 애를 쓰는 거예요.

"야, 이놈아 그럴 수 없다. 같이 죽자."

"아니요. 죽일 놈은 나요. 나 혼자 죽을게요. 엄마도 계시고 형이나 누나들이 아버지만 믿고 사는 판에 아버지가 죽는다면 그들은 어떻게 살아요? 아버진 살아요. 나 혼자 죽을게요."

완강한 힘으로 자기 혼자 죽을 테니 아버지는 어서 나가라고 때다 미는 아들 녀석을 보는 순간, 나는 그만 그 애를 와락 껴안고 말았습니다. 참 죽기도 쉽지만은 않더군요. 아들이 대견했습니다. 그 아이는 우리 식구 모두의 사랑을 합친 그것보다 더 큰 사랑을 가지고 있었습니다.

그 후 아들은 소록도로 떠나고, 저는 아이가 죽었다고 말했고, 사망신고까지 했지요. 그는 영원히 우리 앞에서 사라져야 했습니다. 나는 집으로 돌아와, 서로 잊은 채 정신없는 세월을 보냈습니다. 세월은 화살처럼 지나갔습니다. 아홉 명의 아이는 자라서 대학을 나오고 결혼을 하고 손자 손녀를 낳고……. 제 처와 저는 그때까지 건강했기 때문에 어느 아들에게도 짐이 되고 싶지 않았습니다. 그래서 우리끼리 살던 집에서 그냥 살았습니다. 그런데 제 처가 죽고 나자 의지할 데가 없어졌습니다. 그래서 몇 년 동안 먹고사는 문제를 혼자 해결해야 했습니다. 그런데 나중에는 그럴 힘조차 없어져 버리더군요. 얼마 전에 큰아들이 시골의 땅을 다 팔아서 함께 올라와 살자더군요. 그렇게 했지요.

아들네 집은 처음엔 편했습니다. 주는 대로 받아먹으면 되고, 이불 펴 주면 드러누워 잠들면 그만이고. 가끔 먼저 죽은 마누라 생각이 났지만 얼마 동안은 참 편했습니다. 그런데 시간이 갈수록 며늘아 눈치를 보게 된 거예요. 그 애들은 아무 말이 없는데, 아무래도 눈치가 보이더군요. 한 달쯤 지난 어느 날 드디어 큰 아이가 입을 엽디다. 큰아들만 아들이냐고요. 지 아우네로 가 보라더군요. 그날로 말없이 짐을 꾸려 둘째 아들네로 떠났지요. 그런데 사정은 그 후로도 마찬가지였어요. 둘째, 셋째, 넷째…….

아들이 그렇게 많은데도 늙은 아비를 기꺼이 맞아들여서 편안히 죽게 해주는 자식은 하나도 없었습니다. '내가 잘못 살았구나' 하는 생각이 뼈에 사무쳤습니다. 저와 제 처는 오직 아들들만을 위해 살아왔어요. 하지만 우리는 잘못 살았습니다.

그리고 빙빙 돌다가 생각을 하니까 너무 오래 살아도 죄인인 모양이다 싶은 마음이 들었어요. 갑자기 죽고 싶은 마음도 들었어요. 그래서 고향 와서 죽겠다고 허탈한 심정으로 예전에 살던 시골집에 왔는데, 문득 40년 전에 헤어진 그 아이가 생각났던 거예요. 열한 살에 문둥이가 되어 소록도라는 섬에 내다 버린 아이, 내 손으로 죽이려고까지 했으나 끝내는 문둥이 마을에 내

팽개치고 40년을 잊고 살았던 아이, 다른 아홉 명의 아이에게는 온갖 정성을 쏟아 힘겹게 대학까지 마쳐 놓았지만 내다 버리고 까마득하게 잊어버렸던 아이. '아! 내가 죽기 전에 그 아들 한번 찾아보자.'

저는 소록도에 가서 근선이의 소식을 알아보았습니다. 그런데 아이는 벌써 그 섬을 떠나 결혼했다고 하더군요. 그래서 그가 사는 마을을 찾아 이렇게 영호에 오게 된 것입니다. 저는 아들네 집 앞에서 오래 망설였습니다. '아이가 뭐라고 할까?' 저는 원망만 실컷 듣고 쫓겨날 각오를 했습니다. 아비가 가장 필요할 때 저를 버렸으니 무슨 말을 들어도 싸지. 용기를 내서 오긴 왔지만 다른 아들들은 다 어떻게 하고 왔느냐고 하면 뭐라고 하나? 도저히 들어갈 용기가 나지 않아서 돌아서려는 순간에 어떤 여자가 내다보며 친절하게 말을 걸더군요.

"할아버지, 이리 들어오세요. 누구 찾는 사람 있으세요? 아까부터 서 계신 걸 보았는데……."

그 여자는 바로 제 며늘애였습니다. 그때 외양간에서 나오던 우리 아이 근선이가 저를 알아보았습니다. 그를 비로소 찾았을 때, 그 아이는 이미 아이가 아니었습니다.

쉰이 넘은 데다가 그동안 겪은 병고로 인해 나보다 더 늙어 보이는, 그러나 눈빛만은 예전과 다름없이 투명하고 맑은 내 아들이 울면서 반기는 것이었습니다. 올 때는 '이 아들이 얼마나 나를 원망하겠나? 그러나 그 원망 달게 받고 나도 죽자.' 그러면서 찾아왔는데, 애는 나를 껴안으며 이렇게 말했지요.

“아버지를 한시도 잊은 날이 없습니다. 아버지를 다시 만나게 해달라고 40년간이나 기도해 왔는데, 이제 기도가 응답되었거든요.”

나는 흐르는 눈물을 닦을 여유가 없이 그렇게 물었죠. 어째서 이 못난 애비를 그렇게 기다렸는가를. 문둥병에 걸렸다고 무정하게 내다 버린 채 한 번도 찾지 않은 아비를 원망하고 저주해도 모자랄 텐데, 무얼 그리 기다렸는가 하고……. 그러나 아들은 다시 이렇게 말하는 것이었습니다.

“그때 아버지가 저를 버리고 갔을 때는 엄마 아부지가 밤마다 원망스러웠습니다. 너무 외로웠지요. 밤마다 집 꿈을 꾸었어요. 식구들을 미워하면서 내 운명을 원망하면서 지냈습니다. 그런데 똑같은 문둥병자이면서도 저와는 다르게 사는 사람들이 있었어요. 반발심이 들기도 했지만, 한편으로는 마음이 끌리더군요. 그 사람들은 자신을 문둥병자 이상의 어떤 존재로 생각하는 것 같았어요. 저는 그들 중 한 사람과 사귀게 되었지요. 그분은 병원에서 예수 그리스도를 믿는 믿음에 대해 말씀해 주셨지요. 그리고 그 후로 예수님께 선물로 받은 사랑을 나에게 주었어요. 저는 그 사람들을 따라서 예배와 성경공부에 가기 시작했어요. 그렇게 예수를 믿게 되고 난 다음부터는 식구들에 대한 마음을 잊게 되더라고요. 살고 싶은 마음도 생기고요. 전에는 그냥 죽고만 싶었거든요. 하지만 이제는 살아있다는 것 자체를 기뻐해야 할 이유가 생겼지요. 하나님의 사랑과 기쁨에서 나를 떼어 놓을 수 있는 것은 아무것도 없으니까요. 그러다가 집사람을 만나게 되었습니다. 우리는 사랑하게 되었고, 언젠가는 육지로 나갈 수 있게 되기를 바랬지요. 그리고 어느 날 우리 꿈은 현실이 되었어요. 우리는 섬을 떠나서 결혼할 수 있었고, 이곳 영호에서 가정을 꾸리게 되었습니다. 우린 우리와 아들을 위해 열심히 살고 있어요. 아버지, 예전에 원망하던 것, 예수 그리스도를 믿게 된 이후로 모든 것을 용서하게 되었습니다. 오늘 아부지를 여기에 보내신 것은 하나님이 저를 위해서 보내신 것입니다. 제가 모시겠습니다."

그토록 긴 세월 끝에 만난 아들이 오늘 아침에 제게 들려준 이야기입니다. 그리고 손주 놈들도 보여주더군요. 목사님, 애는 내가 여기 와 함께 살아 주기를 간절히 원하고 있습니다.

애와 며느리, 그리고 아이들을 보는 순간, 그 바램이 결코 거짓이 아니라는 걸 깨달았습니다. 그들의 눈빛에는 지금껏 내가 구경도 못 했던 그 무엇이 들어있었습니다. 공들여 키운 아홉 명의 아이에게서 한 번도 발견하지 못한 사랑의 언어라고나 할까요?

목사님, 저는 지금까지 아들 일곱을 위해서 살았습니다. 진짜이 아들은 제가 두 번이나 죽이려고 했습니다. 이런 병신이 어디 있습니까? 나는 이 애에게 잃어버린 40년의 세월을 보상해 주어야 합니다. 함께 있어 주는 것만으로도 아이에게 도움이 된다면, 나는 기꺼이 그 요청을 받아들일 작정입니다. 그러니 제발 목사님, 저를 여기에서 살게 해 주십시오."

할아버지는 이야기를 마치고 한숨을 깊이 내쉬었습니다. 이

제 할아버지는 아들과 가정을 찾았습니다. 집을 떠난 탕자가 돌아오듯이 잃어버렸던 아버지가 집에 돌아온 것입니다.

우리 마을에 오신 것을 진심으로 환영합니다! 세 사람은 손을 잡고 힘차게 흔들었습니다.[2]

2) 김요석, 잊혀진 사람들의 마을, p.81-88.

말씀 들여다보기

대하 1:1 [솔로몬 왕이 지혜를 구하다(왕상 3:1-15)] 다윗의 아들 솔로몬은, 자기의 왕위를 튼튼히 굳혔다. 주 하나님께서 그와 함께 계시며, 그를 크게 높여주셨다.

대하 1:2 ○솔로몬은 온 이스라엘, 곧 천부장과 백부장과 재판관들과 온 이스라엘의 지도자들과 각 가문의 족장들을 불렀다.

대하 1:3 솔로몬은 온 회중을 데리고 기브온에 있는 산당으로 갔는데, 거기에는 하나님의 회막, 곧 주님의 종 모세가 광야에서 만든 회막이 있었다.

대하 1:4 그러나 하나님의 궤는, 다윗이 일찍이 예루살렘에 궤를 모실 장막을 치고, 기럇여아림에서 그리로 옮겨다 두었다.

대하 1:5 다만 훌의 손자요 우리의 아들인 브살렐이 만든 놋제단은, 기브온에 있는 주님의 성막 앞에 있었다. 그래서 솔로몬은 회중과 함께 그리로 나아간 것이다.

대하 1:6 솔로몬은 거기 주님 앞, 곧 회막 앞에 있는 놋제단으로 올라가, 번제물 천 마리를 바쳤다.

대하 1:7 ○그 날 밤 하나님께서 솔로몬에게 나타나셔서 "내가 너에게 무엇을 주기를 바라느냐? 나에게 구하여라" 하고 말씀하셨다.

대하 1:8 ○솔로몬이 하나님께 여쭈었다. "주님께서 나의 아버

지 다윗에게 큰 은혜를 베푸셨고, 또한 나로 하여금 아
버지의 뒤를 이어 왕이 되게 하셨습니다.
대하 1:9 주 하나님, 이제 나의 아버지 다윗에게 하신 말씀을 그
대로 이루어 주십시오. 주님께서 나를 땅의 티끌 같이
많은 백성의 왕으로 삼으셨으니,
대하 1:10 이제 지혜와 지식을 나에게 주셔서, 이 백성을 인도하
게 하여 주십시오. 이렇게 많은 주님의 백성을 누가 다
스릴 수 있겠습니까?"
대하 1:11 ○하나님께서 솔로몬에게 말씀하셨다. "너의 소원이
그것이구나. 부와 재물과 영화를 달라고 하지 않고, 너
를 미워하는 자들의 목숨을 달라고 하지도 않고, 오래
살도록 해 달라고 하지도 않고, 오직 내가 너를 왕으로
삼아 맡긴 내 백성을 다스릴, 지혜와 지식을 달라고 하
니,
대하 1:12 내가 지혜와 지식을 너에게 줄 뿐만 아니라, 부와 재물
과 영화도 주겠다. 이런 왕은 네 앞에도 없었고, 네 뒤
에도 다시 없을 것이다."

21

엘리야 – "고독"과 관계 맺음

엘리야의 뜻은 '여호와는 나의 하나님'입니다

고독(solitude)은 자발적인 것이요, 외로움(loneliness)은 관계의 단절, 소외감, 배제감, 차별 같은 것으로부터 찾아오는 낯선 손님입니다. 고독은 나의 내면에서 오고, 외로움은 타인과의 관계에서 옵니다. 신앙생활을 하다 보면 고독이 있고, 신앙적 회의가 들고 인생의 회의가 들 때가 있습니다. 엘리야가 그랬습니다.

성경에 나오는 위대한 인물 가운데 하나는 엘리야입니다. 그는 하늘에서 불을 내리게 했고 비를 내리게 한 믿음의 사람이요 기도의 사람입니다. 죽지 않고 불병거를 타고 하늘로 승천한 사람입니다. 그런데 이런 사람도 번 아웃(burnout) 되어 몸과 맘과 영혼이 탈진되어 하나님 앞에 죽기를 청합니다. 지독한 고독이 찾아왔습니다.

엘리야는 바알과 아세라 선지들과 어떤 신이 진짜 신인지 결투를 벌인 인물입니다. 그리고 하늘에서 불이 내려 재단을 태우게 함으로 바알 선지자들을 다 쓸어버린 사람입니다. 이 정도면 백성들이 보는 앞에서 하나님이 진짜 신이라는 것이 증명이 된 셈입니다. 여호와 하나님은 살아계시고 전능하신 하나님이며 참 신임이 증명되지 않았겠습니까? 아합 왕과 이세벨, 그리고 백성들이 하나님께 돌아와야 하지 않겠습니까?

그러나 정반대로 이세벨 왕비는 엘리야를 죽이겠다고 협박했습니다. 그리고 이스라엘 백성들은 우상을 섬기는 삶에서 돌아오지 않았습니다. 이런 현상을 본 엘리야는 회의에 빠집니다. 그렇게 역사하시고 나타나신 하나님이 어디에 계시고 이런 상황을 왜 가만히 두고만 계시는가? 하는 것입니다. 이런 상황은 『침묵』이라는 소설에서도 비슷하게 나타납니다.

일본의 박해 시대를 담은 엔도의 슈사쿠의 『침묵』은 17세기 일본의 포교 상황을 모티브로 한 소설입니다. 소설은 당시 일본이 어떻게 외국 선교사를 배교시켰는가를 말해주고 있습니다.

일본인들은 신앙을 가진 농민들의 코와 입을 꿰어 구덩이에 거꾸로 매달아 죽였습니다. 그리고 농민들이 배교한다고 하여도 풀어주지 않았습니다. 그 사람을 전도한 선교사까지 배교해야만 풀어주었습니다. 선교사들은 고통 속에서 신음하는 농민들의 소리를 계속해서 들으며 배교를 강요당했습니다.

주인공 로드리꼬 신부에게 먼저 배교한 페레이라 신부는 이렇게 외쳤습니다.

"내가 배교한 것은 말이야 이 엄청난 핍박 속에서 하나님이 아무것도 하시지 않았기 때문이야. 농부들이 구덩이에 넣어진 뒤 필사적으로 하나님께 기도했지만, 하나님은 아무것도 하지 않으셨어."

그러나 로드리꼬 신부는 같은 처지에서 주님의 음성을 듣습니다. 일본 당국자들이 로드리꼬 신부를 회유합니다. 배교하면 일본 본토의 교인들을 살려 주겠다고 합니다. 성화를 바닥에 놓고 성화를 짓밟고 배교하면 이 모든 사람을 살려 주겠다고 합니다. 그는 갈등하고 고뇌합니다. 그런데 성화의 주님이 말씀하십니다.

"나의 얼굴을 밟아라. 내 얼굴을 밟는 네 발은 얼마나 아프겠니? 나는 밟히기 위해서 존재한단다."[1)]

하나님의 마음을 아시겠습니까? 하나님은 존재하지 않으신 것이 아니라 숨어계십니다. 그리고 우리의 모든 고통을 함께하십니다. 이사야는 이렇게 말합니다. "구원자 이스라엘의 하나님이여 진실로 주는 스스로 숨어계시는 하나님이시니이다"(사 45:15). 하나님은 숨으심으로 자신을 드러내십니다. 그의 숨으심은 엘리야의 도피가 아닙니다. 오히려 우리보다 더 위대한 계획과 능력으로 일하십니다.

하나님이 숨어계신 이유는 우리가 믿음으로 하나님을 알아

---

1) 엔도 슈사쿠, 침묵(출판: 홍성사, 2003).

가기 원하시기 때문입니다. 하나님이 숨어계시는 기간은 우리의 믿음이 자라는 기간입니다. 하나님께서 숨는 이유는 인간에게 발견되기 위함입니다. 숨바꼭질을 회상해 보십시오. 숨바꼭질의 즐거움은 숨는 데 있지 않고 적절한 타이밍에 발견되는 것에 있습니다.

독일의 에크하르트는 "하나님은 먼 곳에 숨어 헛기침하면서 자신의 위치를 드러내는 사람과 같다"고 했습니다. 고난은 때로 하나님께서 자신의 위치를 알려주시는 것과 같습니다. 수많은 사람이 고난의 자리에서 하나님을 만납니다. 하나님은 발견되기를 기다리십니다. 숨어계시는 하나님을 만날 때 우리의 믿음은 더욱 강건해집니다.

엘리야를 보십시오. 이세벨의 협박을 피해 너무 지쳐 로뎀 나무 아래에 쓰러져 죽기를 바랍니다. 감히 하나님께 말입니다. 죽음을 피해 도망 온 엘리야가 하나님께 죽기를 청하는 것은 앞뒤가 맞지 않습니다.

그러나 하나님은 천사를 통해 자기를 드러내십니다. 실컷 자게 하시고 구운 떡과 물 한 병을 주시고 쓰다듬어 주시면서 엘리야를 위로합니다. 하나님의 위로가 로뎀 나무 아래에서 이루어집니다.

하나님은 엘리야의 고독을 통해 자신을 부드럽고 인자하게 드러내십니다. 외로움이 찾아오면 도망가야 하지만 고독이 찾아오면 하나님께 더욱 가까이 가야 합니다. 고독을 통해 하나님의 마음을 헤아리고 알 수 있고 하나님과의 관계가 깊어집니다.

여러분은 외롭습니까? 고독합니까?

그리고 이 외로움과 고독을 어떻게 처리하시나요?

오직 하나님과의 친밀한 관계에서만이 외로움과 고독은 치유될 수 있습니다.

교회 건축을 하고 저에게 위기가 찾아왔습니다. 몸과 마음은 병들고 목회와 인생에 회의가 찾아왔습니다. 몸이 너무 아프고 정신이 흐릿한데 병원에서는 뚜렷한 병명을 찾지 못했습니다. 몇 년간 병원과 한의원 안 가 본 데가 없을 정도였습니다. 어느 날은 내가 이러다 죽는 것 아닌가? 하는 생각이 들 정도였습니다. 그러나 저의 겉모습은 너무 멀쩡했습니다.

저는 생명의 위기를 느끼고 살았습니다. 그러나 가족과 성도들 그 외 모든 사람은 '그냥 어딘가가 좀 아픈가 보다'라고 생각해서 그랬는지 그들이 하는 말들이 나에게 위로가 되지 못했습니다. 그러니 모든 사람에게 서운해지기 시작했습니다. 특별한 병명도 없는데 아프다고 하니 주위 사람들도 답답하기는 마찬가지였을 것입니다. 나의 처지가 한없이 불쌍해 보이고 고독했습니다. 그렇다고 딱히 다른 어떤 방법도 없었습니다.

저는 지금까지 한 번도 하나님께 원망과 불평을 해본 적이 없습니다. 왜냐하면, 불신자 가정에서 태어난 나 같은 사람을 주님이 찾아오셔서 용서하시고, 구원해 주셨기 때문입니다. 더욱이 주님의 종으로 삼아 주시니 평생 감사하며 살 수밖에 없는 존재임을 알았기 때문입니다.

그런데 이번에는 달랐습니다. 살짝 하나님께 불평이 생겼습니다. 처지가 억울했습니다. 평생 개척만 하고 건축만 하고 여기까지 왔는데 몸이 죽도록 아팠습니다. 저는 밑바닥부터 시작하는데 주변 가까운 친구들은 큰 교회에 청빙되어 가고……. 아무튼 억울한 마음이 들었습니다. 어느 날 깊은 밤에 교회에 내려가 주님 앞에 무릎을 꿇고 기도하는데 눈물만 나왔습니다. 그때 주님의 음성이 들려왔습니다.

"장 목사야 너는 나 하나로 만족할 수 없겠니?"

정말 주님의 생생한 소리였습니다. 저는 즉시 회개하였습니다. 눈물을 뿌리며 기도했습니다.

"잘못했습니다. 주님! 저는 말로만 주님 주님 했지, 주님 한 분만으로 만족하며 살지 못했습니다. 이제 평생 주님 한 분만으로 만족하며 살겠습니다."

그날 이후 제 몸과 마음의 병은 깨끗이 나았습니다. 그리고 아픈 사람의 심정과 마음을 그나마 알 수 있는 보너스(?)도 받았습니다.

나의 아버지

나의 고향은 경남 산청입니다. 지금도 비교적 가난한 곳입니다. 그러나 아버지는 가정 형편도 안 되고 머리도 안 되는 나를 대구로 유학을 보냈습니다.

대구 중학교에 다녔는데 공부가 하기 싫었습니다. 1학년 8반 68명 중에 석차는 68등 꼴찌를 했습니다. 부끄러운 성적표를 가지고 고향에 가는 어린 마음에도 그 성적을 내밀 자신이 없었습니다. '자신이 교육받지 못한 한을 자식을 통해 풀고자 했는데 꼴찌라니…….' 끼니를 제대로 잇지 못하는 소작농을 하면서도 아들을 중학교에 보낼 생각을 한 아버지를 떠올리며 그냥 있을 수가 없었습니다.

궁리 끝에 잉크로 된 성적표를 1등으로 고쳐 아버지께 보여드렸습니다. 아버지는 보통학교도 다니지 않으셨으므로 내가 1등으로 고친 성적표를 알아차리지 못하실 것으로 생각했습니다.

대구로 유학 간 아들이 집으로 돌아왔으니 친지들이 몰려와 "찬석이는 공부를 잘했더냐?"라고 물었습니다. 아버지는 "앞으로 봐야 제~. 이번에는 어쩌다 1등을 했는가배~." 했습니다. 친지들은 "명순(아버지 이름)이는 자식 하나는 잘 뒀어. 1등 했으면 책거리를 해야제." 했습니다.

당시 우리 집은 동네에서 가장 가난한 살림이었습니다. 이튿날 강가에서 멱을 감고 오니, 아버지는 한 마리뿐인 돼지를 잡아 동네 사람들을 모아놓고 잔치를 하고 있었습니다. 그 돼지는 우리 집 재산 목록 1호였습니다. 기가 막힐 일이 벌어진 것입니다. "아버지~" 하고 불렀지만, 다음 말을 할 수가 없었습니다. 그리고 달려 나갔습니다. 그 뒤로 나를 부르는 소리가 들렸습니다. 겁이 난 나는 강으로 가 죽어 버리고 싶은 마음에 물 속에서 숨을 쉬지 않고 버티기도 했고 주먹으로 내 머리를 내려치기도 했습니다.

충격적인 그 사건 이후 나는 달라졌습니다. 그 일이 항상 머릿속에 맴돌고 있었기 때문입니다. 그로부터 17년 후 나는 대학교수가 되었습니다.

그러니까 내 나이 45세가 되던 어느 날 부모님 앞에 33년 전의 일을 사과하기 위해 "어무이~ 저 중학교 1학년 때 1등은요~" 하고 말을 시작하려는데 옆에서 담배를 피우시던 아버지께서 "알고 있었다. 그만해라. 손자 민우가 듣는다"라고 하셨습니다.

자식의 위조한 성적을 알고도 재산 목록 1호인 돼지를 잡아 잔치하신 부모님의 마음을 박사이고, 교수이고, 대학 총장인 나는 아직도 감히 알 수가 없습니다.

이 글을 쓰신 분은 경북대학교 총장을 역임한 박찬석 교수이십니다. 저는 목회를 하면서 하나님께 많은 잘못을 했습니다. 근데 하나님 아버지께서는 박찬석 교수님의 아버지처럼 모르는 채 넘어가 주셨습니다. 제가 잘못을 했을 때마다 저를 징계하셨다면 저는 오늘의 목회자가 되지 못했을 것입니다.

누군가가 이런 말을 하였지요. "성자란 거룩하게 사는 사람이 아니라 살면 살수록 자신의 죄와 죄성을 뼈저리게 아는 사람들"이라고요. 제가 성자라는 것이 아닙니다. 다만 살면 살수록, 목회하면 할수록 제 죄성이 심각하다고 느낍니다. 그리고 목사감이 아닌데 왜 이런 사람을 목사가 되게 하셨는지 이유를 잘 모릅니다. 다만 한 가지는 분명합니다. 저는 탕자와 같은 존재이지만, 하나님과 제가 '부자지간의 관계'라는 이 이유 하나가 모든 것을 설명해 주는 것은 분명합니다.

만약에 하나님이 나의 아버지가 아니셨다면 저는 스스로의 고독에 빠져들었을 것입니다. 저의 모든 죄성과 흠결에도 불구하고 엘리야처럼 자괴감과 고독에 빠지지 않았던 것은 오직 하나님의 사랑과 은혜 덕분입니다. 저의 목회와 인생에서 하나님의 은혜가 아니면 아무것도 설명이 되지 않을 것입니다.

말씀 들여다보기

왕상 19:1 [시내 산의 엘리야] 아합은, 엘리야가 한 모든 일과, 그가 칼로 모든 예언자들을 죽인 일을, 낱낱이 이세벨에게 알려 주었다.

왕상 19:2 그러자 이세벨은 엘리야에게 심부름꾼을 보내어 말하였다. "네가 예언자들을 죽였으니, 나도 너를 죽이겠다. 내가 내일 이맘때까지 너를 죽이지 못하면, 신들에게서 천벌을 달게 받겠다. 아니, 그보다 더한 재앙이라도 그대로 받겠다."

왕상 19:3 엘리야는 [a]두려워서 급히 일어나, 목숨을 살리려고 도망하여, 유다의 브엘세바로 갔다. 그 곳에 자기 시종을 남겨 두고,

a 또는 '보고서'

왕상 19:4 자신은 홀로 광야로 들어가서, 하룻길을 더 걸어 어떤 로뎀 나무 아래로 가서, 거기에 앉아서, 죽기를 간청하며 기도하였다. "주님, 이제는 더 바랄 것이 없습니다. 나의 목숨을 거두어 주십시오. 나는 내 조상보다 조금도 나을 것이 없습니다."

왕상 19:5 그런 다음에, 그는 로뎀 나무 아래에 누워서 잠이 들었는데, 그 때에 한 천사가, 일어나서 먹으라고 하면서, 그를 깨웠다.

왕상 19:6 엘리야가 깨어 보니, 그의 머리맡에는 뜨겁게 달군 돌에다가 구워 낸 과자와 물 한 병이 놓여 있었다. 그는

먹고 마신 뒤에, 다시 잠이 들었다.

왕상 19:7 주님의 천사가 두 번째 와서, 그를 깨우면서 말하였다. "일어나서 먹어라. 갈 길이 아직도 많이 남았다."

왕상 19:8 엘리야는 일어나서, 먹고 마셨다. 그 음식을 먹고, 힘을 얻어서, 밤낮 사십 일 동안을 걸어, 하나님의 산인 호렙산에 도착하였다.

22

요나 – "선민의식"과 관계 맺음

요나의 뜻은 '비둘기'입니다

이스라엘 백성의 특징을 한마디로 말하면 '선민의식'입니다. 자기 백성만 구원을 받았고 이방 민족들은 지옥의 땔감으로밖에 역할을 못한다는 것입니다.

그러나 현실적으로 자기 민족이 얼마나 미미했는지 역사를 통해 경험한 이후부터는 다른 방식을 택합니다. 타민족과의 구별을 '율법'을 지키고 행하는 것으로 격차 내지 초격차로 승부를 내려고 했습니다. 그러나 오히려 이스라엘의 이러한 선민의식은 하나님과 그들과의 초격차를 만들어 낼 뿐이었습니다.

요나 시대에 있어서 앗수르는 이스라엘의 원수 중 원수였습니다. 앗수르는 북이스라엘을 멸망시키고 남쪽 유다까지 고통과 불행에 빠뜨린 철천지원수였습니다. 요나는 자신이 혹은 자기 민족이 미워하는 사람들과 나라를 하나님도 같이 미워해 주시길 원했습니다. 아니 그렇게 하셔야만 한다고 생각했고 그렇게 믿었습니다. 그런데 하나님의 생각은 달랐습니다. 요나를 통해 이방 민족에게도 구원이 있다는 것을 알리고 싶어 하셨습니다. 물론 그 구원의 조건은 '회개'였습니다.

하나님은 회개하고 돌아오는 모든 개인과 모든 민족을 받아주십니다. 이런 하나님의 자비와 긍휼하심에 요나는 피해자로서 분노로 항의하고 있습니다. '이건 아니라고 공정하지 않다고, 이건 정의가 아니라고, 하나님이 이런 분이시면 하나님을 멀리 하겠다'고 말입니다.

그는 이스라엘을 포함하여 이웃 나라에 그 악한 폭력을 일삼는 앗수르가 싫었습니다. 그래서 도성 니느웨에 가서 심판을 경고하라는 하나님의 명령이 부당하다고 생각했습니다.

하나님의 구원과 은혜는 이스라엘에 독점되어 있었습니다. 그러나 하나님의 구원과 사랑은 어떤 사람도 어떤 민족도 홀로 독점할 수 없습니다.

결국, 요나는 하나님의 명령을 거부하고 다시스로 떠나가 버립니다. 한마디로 하나님의 선하심 때문에 절망한 것입니다. 요나가 하나님의 성품에 공의만 있지 않고 자비도 있다는 것을 잘 몰라서 벌어진 사태는 아닙니다. 요나는 하나님의 자비로운 성품은 되도록 나에게 후히 쓰시되, 공의로운 성품은 되도록 원수에게 후히 쓰셔야 한다고 생각한 것입니다. 철저히 자기 위주, 선민의식에 뼛속까지 찌든 유형입니다.

탕자가 돌아왔을 때 아버지의 태도와 모습을 보십시오. 탕자가 돌아왔을 때 아버지는 그가 돌아온 진정성을 따지지 않았습니다. 돌아온 이유도 묻지 않았습니다. 단 한 가지의 사실에 기뻐했습니다. 오직 죽었던 아들이 다시 살아 돌아온 것에 감격하였습니다. 그러나 큰아들의 생각은 달랐습니다. 모든 것을 탕진하고 어쩔 수 없이 돌아온 동생을 그토록 반겨주는 아버지가 싫었습니다.

우리는 큰아들의 모습이 요나의 모습과 겹치고 우리와 겹친다는 사실에 주목해야 합니다. 우리는 하나님께서 내가 싫어하는 사람을 싫어하시고 내가 미워하는 사람을 미워하시면 좋겠다고 생각합니다. 아니 그런 인식을 하고 살아가고 있는 줄도 모르겠습니다.

요나가 이스라엘 백성이 아니고 니느웨 백성이었다면 하나님의 은혜를 찬송하고 감격했을 것입니다. 그리고 목숨을 걸고 니느웨에 가서 말씀을 전했을 것입니다.

우리는 위치에 따라 관계가 달라집니다. 나의 관계에 따라 친구가 되었다가 원수가 되었다가 할 수 있습니다. 그러나 하나님은 어제나 오늘이나 영원토록 변함이 없으십니다.

오늘날도 선민의식이 강하게 작용하는 시대입니다. 교회에서조차도 선민의식을 가르치고 있습니다. 우리 교회가 제일이고, 우리 목사님만 제일이고, 우리 교회만 진짜고, 우리 교회에 나와야만 구원을 받고, 우리 교회는 질적으로 다르고……. 너무한 것 아닙니까?

요나가 앗수르를 싫어한 그것만큼이나 하나님은 우리가 정말 싫은 만 가지의 이유를 다 가지고 계십니다. 그러나 독생자 예수님을 통해서 그 모든 죄와 싫음의 요소를 단번에 일소하셨습니다.

한 가지 또 알아야 할 사실이 있습니다. 우리는 사건의 결과에만 시선이 고정되어 있습니다. 자비로운 하나님은 죄의 결과만 보고 심판하지 않고 그 원인을 보십니다. 죄를 짓지 않을 수 없는 고약한 사회 체계와 조건과 역사적 배경을 함께 고려하신다는 것입니다.

요나를 바라보면 사랑도 은혜도 없는 메마른 선지자를 보게 됩니다. 하나님은 왜 이런 요나를 선지자로 사용하셨는지 이해가 안 가지만 한편으로는 이해가 가기도 합니다.

이 요나가 바로 '요' '나'이기 때문이지 않나 싶습니다. 요나를 보면서 그저 내 편은 무슨 일이 있어도 다 사정이 있어서 그런 거라고 항변하는 데 능숙한 우리의 자화상을 보게 하시는 하나님의 자비가 아닌가 싶습니다.

일산에 교회를 개척하고 성도가 없어서 정말 힘들었습니다. 요즘은 때때로 길가에 뻥튀기 차를 보면서 뻥튀기를 산만치 쌓아 놓고 손님을 기다리는 뻥튀기 주인의 심정을 안타까운 심정으로 바라보곤 합니다.

'저 뻥튀기 차에 있는 뻥튀기 다 사주면 어떨까?'

'전부 다 얼마치일까?'

'근데 어떻게 그 많은 뻥튀기를 처분하지?'

지금도 뻥튀기를 앞에 놓고 오지 않는 손님을 기다리는 사장님의 심정이 가슴에 와닿습니다.

빨간 선팅으로 도배한 짜장면 집이 있는 상가 이층 복도 끝이 저희 교회였습니다. 매주 매일 '전도지를 보고 찾아오는 사람이 있지 않을까' 하고 마음 졸이며 기다림 속에서 하루하루를 보내던 고단했던 시절이 기억납니다.

그때 우리 교회에 찾아오신 분이 고 이충환 권사님 가정입니다. 권사님은 온유하시고 좋은 분이셨습니다. MBC 방송국 국장이셨는데 그만 백혈병에 걸려서 6개월밖에 못 산다는 의사의 판명을 받고 우리 교회에 찾아오신 분입니다.

저는 긴장하고 기대했습니다. '이분 살리면 우리 교회 부흥(?)한다.' 정말 이 한 가정 이 한 분을 놓고 목회했습니다. 제 목회가 여기 이 한 사람의 치유 속에 달렸다고 생각하며 밤낮 철야하며 살려 달라고 기도했습니다. 권사님의 병세는 중간중간에 호전되기도 했습니다.

6개월이 넘고 1년이 넘었습니다. 저는 그날도 병이 악화된 이 권사님을 위해 오산리 기도원에 가서 기도하고 있었습니다. 기적이 일어나길 기도했습니다. 굴속에서 기도하는데 방송이 들려왔습니다.

"일산 아름다운 교회에서 오신 장해진 목사님이 계시면 본부로 와 주십시오."

불길한 예감이 들었습니다. 아니나 다를까, 가서 보니 집에서 찾는다는 연락이었습니다. 집에 전화해 보니 이 권사님이 소천하셨다는 것이었습니다. 힘이 쭉 빠지고 소망과 기대가 풍선에서 바람 빠지는 것처럼 마음이 허공을 치며 혼란스럽고 절망스러웠습니다.

장례를 다 마치고 이 권사님 가족이 찾아왔습니다. 그리고 말씀하셨습니다.

"저희 남편과 아버지를 잘 돌봐주시어 감사합니다. 목사님 계획이 있으시면 도움이 되셨으면 좋겠습니다."

하시고 1억 원을 헌금하셨습니다. 저에게는 기적이었습니다. 아버지가, 남편이 기도한 대로 병이 낫지 않고 돌아가셨으니 시험에 들까 봐 걱정하고 있었습니다. 그런데 정반대로 고맙다고 일억 원을 헌금하시다니요?

그 당시는 하나님께서 저에게 건축의 비전을 주신 때였습니다. 이충환 권사님과 그 가족들의 헌신은 '아름다운 교회'가 건축될 수 있는 시발점이 되었습니다. 하나님의 신묘막측한 섭리를 우리가 어떻게 알 수 있겠습니까?

이런 하나님의 은혜를 입은 제가 어떻게 특별의식과 선민의식을 가질 수 있겠습니까? 모든 것이 하나님의 은혜라고 생각하며 사는 사람은 결코 선민의식을 가질 수 없을 것입니다.

가장 긴급한 일

배 한 척이 폭풍에 표류하다가 무인도 앞에서 파선되어 배에 탔던 사람들이 그 섬에 들어가 살게 되었습니다. 그곳에서 빠져나올 수가 없었습니다. 그러나 불행 중 다행으로 배 안에는 몇 달 동안 먹을 양식과 종자도 있었습니다. 그 섬은 비옥한 땅이기도 해서 씨앗을 뿌리면 농사를 지을 수 있었습니다.

땅을 파고 종자를 뿌리려고 하는데 이게 웬일입니까? 땅속에 금덩이들이 묻혀있지 않겠습니까? 그들은 눈이 휘둥그레졌습니다. 그것을 파내는 일이 그들의 일과가 되었습니다. 얼마나 도취 되었는지 종자를 심는 것마저도 잊어버리고 그 일에만 열중했고 스스로 행복감에 젖어 있었습니다.

그러나 날이 가고 달이 갈수록 식물은 점점 줄어갔고 음식은 바닥이 나기 시작했습니다. 그때야 정신이 든 그들은 밭을 파헤치고 종자를 심었지만 이미 때는 늦었고 결국 그들은 금덩어리 틈에서 죽고 말았습니다.

지금 하는 일들이 급하지 않다는 이야기가 아닙니다. 다만 가장 중요하고 시급한 것이 있다는 것을 아는 것이 더 중요하다는 것입니다.[1)]

우리에게는 많은 문제가 있습니다. 그러나 그중에는 더 중요한 것이 있고, 덜 중요한 것이 있습니다. 먼저 꼭 해야 할 일이

1) 한영제, 가장 긴급한 일(출판: 좋은, 1999).

있고 나중에 해도 될 일이 있습니다.

그렇다면 가장 긴급하고 가장 우선적인 일은 무엇입니까? 그것은 생명에 관한 일입니다. 다른 말로 하면 궁극적 구원에 관한 일이 가장 중요하다는 말입니다.

사람은 누구나 불완전합니다. 인간은 완전하지도 전능하지도 못합니다. 그래서 인간은 누구나 해결 받아야 할 문제들을 가지고 있습니다. 죽음, 질병, 실패, 가난, 전쟁, 외로움, 고독, 자녀의 문제, 남편의 문제, 사업의 문제, 직장의 문제 등 수많은 문제가 있습니다.

구원이란 이러한 모든 고난과 문제에서 해방되는 것을 의미합니다. 인간에게는 해결해야 할 문제가 많습니다. 그러나 인간은 전능하지 못하기 때문에 모든 문제를 해결할 수 없습니다. 또한, 인간은 전지하지 못하기 때문에 정작 자신에게 무엇이 중요한지 모릅니다.

사람의 능력은 언제나 불완전하고 완전하지 못합니다. 사람은 무엇이 지금 필요한가를 잘 알고 있다고 생각하지만, 사실은 그렇지 못합니다. 사람이 일생을 마치고 자신의 삶을 정리할 때 완벽한 인생을 살았다고 고백하는 사람은 거의 없습니다. 대부분 자신의 삶과 선택에 대해서 후회하는 경우만 보아도 알 수 있습니다.

사람마다 가장 긴급한 문제가 다 다릅니다. 어떤 사람은 결혼, 어떤 사람은 돈, 어떤 사람은 취직, 어떤 사람은 건강회복, 어떤 사람은 사업부도 위기, 어떤 사람은 대학 진학 등등 이렇게 다 다릅니다. 그러나 이런 문제는 인간이 해결해야 할 궁극적 문제가 아닙니다.

인간 모두에게는 가장 긴급히 해결해야 할 공통의 문제가 있습니다. 그것은 죄의 문제를 해결하는 것입니다. 왜냐하면, 죄의 삯은 죽음이기 때문입니다. 세상 80억 인구만큼이나 다양하고, 다른 환경과 조건을 가지고 있는 것이 인간입니다. 그러나 죄 문제를 반드시 해결해야 한다는 공통의 분모를 가지고 있습니다. 쉽게 말하면 인간은 누구든지 구원받아야 할 죄인이라는 말입니다.

지금 수많은 사람이 금덩어리를 캐내고 있어도 기뻐할 일이나 부러워해야 할 일이 아닙니다. 가장 긴급하고 중요한 것이 무엇인지를 아는 당신이 축복받은 자요 승리자입니다.

또한, 가장 중요한 것이 '구원'이라고 믿는 사람은 자신의 선민의식에서 벗어나 타인의 구원을 진지하게 생각합니다. 자신의 구원은 그토록 중요하게 생각하면서 타인의 구원에 무관심한 사람은 자신도 모르는 선민의식에 빠져 사는 사람입니다. 선민의식은 관계를 등한시하거나 무시합니다.

하나님과의 관계를 중요시 여긴다면 결코 자기 안에 갇혀있지 않고 타자의 구원에 진심을 기울일 것입니다.

말씀 들여다보기

욘 4:5 ○요나는 그 성읍에서 빠져 나와 그 성읍 동쪽으로 가서 머물렀다. 그는 거기에다 초막을 짓고, 그 그늘 아래에 앉았다. 그 성읍이 어찌 되는가를 볼 셈이었다.

욘 4:6 주 하나님이 [b]박 넝쿨을 마련하셨다. 주님께서는, 그것이 자라올라 요나의 머리 위에 그늘이 지게 하여, 그를 편안하게 해주셨다. 박 넝쿨 때문에 요나는 기분이 무척 좋았다.

b 히, '키카욘'. 덩굴 종류의 식물. '아주까리'로 알려지기도 함

욘 4:7 그러나 다음날 동이 틀 무렵, 하나님이 벌레를 한 마리 마련하셨는데, 그것이 박 넝쿨을 쏠아 버리니, 그 식물이 시들고 말았다.

욘 4:8 해가 뜨자, 하나님이 찌는 듯이 뜨거운 동풍을 마련하셨다. 햇볕이 요나의 머리 위로 내리쬐니, 그는 기력을 잃고 죽기를 자청하면서 말하였다. "이렇게 사느니 차라리 죽는 것이 더 낫겠습니다."

욘 4:9 하나님이 요나에게 말씀하셨다. "박 넝쿨이 죽었다고 네가 이렇게 화를 내는 것이 옳으냐?" 요나가 대답하였다. "옳다 뿐이겠습니까? 저는 화가 나서 죽겠습니다."

욘 4:10 주님께서 말씀하셨다. "네가 수고하지도 않았고, 네가

키운 것도 아니며, 그저 하룻밤 사이에 자라났다가 하룻밤 사이에 죽어 버린 이 식물을 네가 그처럼 아까워 하는데,

욘 4:11 하물며 좌우를 가릴 줄 모르는 사람들이 십이만 명도 더 되고 짐승들도 수없이 많은 이 큰 성읍 니느웨를, 어찌 내가 아끼지 않겠느냐?"

23

다니엘 – "항상성"과 관계 맺음

다니엘의 뜻은 '하나님은 나의 심판이시다' 입니다

의학용어로 '항상성'이라는 단어가 있습니다. 이 항상성이라는 단어는 신앙의 단어와 연결 지을 수 있습니다. 우선 의학적 용어로서의 항상성의 뜻은 이러합니다.

생명의 특성 중 하나로, 자신의 최적화 상태를 오랫동안 유지하려는 특성입니다. 항상성은 생명 현상에 있어 매우 중요한 개념입니다. 질병이 발생하는 핵심적인 정의 중 하나가 바로 이 '항상성이 깨져 면역력이 떨어지는 것'입니다. 그러므로 사실상 '항상성이 영구히 깨져서 돌이킬 수 없게 되는 것'을 죽음을 정의하는 개념으로 사용하기도 합니다. 쉽게 말해 항상성은 복원력이라고 말할 수 있습니다.

신앙도 항상성이 있어야 합니다. 성경도 말합니다. "항상 기뻐하라, 쉬지 말고 기도하라, 범사에 감사하라." 이 상태를 유지하여야 신앙이 살아 존재한다는 말씀입니다.

신앙이란 '항상' '쉬지 않고' '범사에'가 언제나 유지하도록 해야 합니다. 이것이 신앙의 실력입니다. 그리고 이 세 가지는 서로 연결되어 있습니다.

기도는 감사가 들어있어야 하고 감사의 내용은 기뻐할 때 풍성해지기 때문입니다. 우리가 항상 기뻐하고, 기도하고, 감사하면 세 가지가 움직입니다. 하나님이 움직이시고, 천사가 움직이고, 사람이 움직입니다.

움직인다는 것은 관련되어 있다는 것입니다. 다니엘은 신앙의 실력이 있는 사람입니다. 범사에 기뻐하고 감사하고 기도하는 사람이기 때문입니다. 한마디로 신앙의 항상성이 있다는 말입니다.

신앙의 실력을 왜 키워야 합니까? 쉽게 말하면 시험에 들지 않고 유혹에 빠지지 않고 승리하기 위해서입니다. 우리는 크게 네 가지의 적을 가지고 있습니다. 내 자아와 세상과 죄와 사탄입니다. 그리고 이 모든 것은 우리에게 시험을 가져다줍니다. 그러면 시험의 궁극적 실체는 무엇이겠습니까? 그것은 관계를 끊어 놓는 것입니다. 하나님과의 관계, 목자와의 관계, 성도와의 관계, 공동체와의 관계 말입니다.

다니엘이 만난 시험의 본질은 관계의 시험입니다. 그런데 사탄이 이 시험에 실패합니다. 다니엘은 신앙의 실력이 출중하기 때문입니다. 자신의 지위와 생명이 위협받는데도 그는 신앙의 항상성을 유지합니다. 그 시험 앞에서 여전히 기도하고 기뻐하고 감사합니다. 이런 자를 누가 넘어뜨릴 수 있겠습니까?

사람마다 강점이 있고 약점이 있습니다. 다니엘도 성품적으로 인간적으로 약점이 있었을 것입니다. 그러나 그는 감사의 기도를 드리는 것에 항상성이 있었습니다. 사람마다 강점이 있습니다. 그 강점으로 승리해야 합니다.

우리 교회에는 20년째 신앙생활을 하는 이재현 권사님이 계십니다. 이십 대 후반에 와서 이십 년째 찬양 인도를 하고 있습니다. 몸이 허약하지만 직장 생활을 열심히 하시며 하나님을 진심으로 사랑하는 분입니다. 무엇보다 찬양에 항상성을 가지고 있는 분입니다.

이 권사님은 매 주일 단 한 번도 빠짐 없이 찬양 인도를 해 오셨습니다. 직장생활, 가정생활 얼마나 바쁘고 말못할 힘든 일이 많겠습니까? 그런데 찬양 시간만 되면 제가 이 권사님에게 은혜를 참 많이 받습니다. 마음과 영혼과 몸을 다해 기쁨으로 그것도 아주 감사한 마음으로 찬양합니다. 인생에 비가 오나 바람이 부나 눈이 오나 한결같은 기쁨으로 감사 찬양을 드립니다.

옛날 페르시아에 기도의 사람 다니엘이 있었다면 우리 교회엔 찬양으로 하나님을 기쁘시게 하는 이 권사님이 계셔 참 행복하고 감사합니다.

저와 우리 교회에 중요한 사람은 다니엘이 아닙니다. 다니엘은 우리에게 교훈을 줄 뿐이지 우리와 함께할 수 없는 존재입니다. 저와 우리 교회에 필요하고 감사한 사람은 매 주일 언제나 항상성을 가지고 찬양하는 이 권사님이십니다. 그래서 저는 다니엘이라는 사람보다 우리 교회 이 권사님에게 은혜를 더 많이 받습니다.

신앙의 항상성이 필요한 시대입니다. 몸이 면역체계를 유지하고 건강하게 되려면 항상성이 필요합니다. 마찬가지로 우리 신앙이 건강하게 유지되려면 신앙의 항상성이 필요합니다. 그리고 이 항상성을 유지하는 것이 신앙의 실력입니다.

찌라도 섬을 아십니까?

제가 어렸을 때만 하더라도 가장 무서운 병 중 하나는 문둥병이었습니다. 코가 문드러지고 손이 문드러져도 느낄 수 없고 몸이 썩어가는 무서운 병이었습니다. 그러나 지금은 의술이 발전되어 더는 불치의 병이 아닙니다. 그리고 문둥병 환자만 모아 살아가게 했던 소록도도 이제는 다리가 놓여 더는 섬도 아닙니다.

아주 오래전 그러니까 소록도라는 섬에 문둥병 환자만 살던 그 시절 이야기입니다.

어느 교회에서 성도님들과 목사님 내외분이 이 소록도에 위문을 갔습니다. 불쌍한 나날을 보내고 있을 문둥병 환자들에게 위로를 주고자 어렵게 교회가 결정하여 간 것입니다.

그런데 성도들과 목사님 내외분이 소록도에 도착해서 그 마을 사람들을 보니 자신들보다 행복해 보였습니다. 대부분 다 교회에 나오고 그들의 예배 모습과 일상은 감사와 기쁨으로 차 있었습니다.

도무지 이해가 안 갔습니다. 멀쩡하고 건강한 자신들의 모습보다 더 행복해 보여 사람들이 이상하면서도 감동의 눈물이 흘렀습니다. 그래서 목사님이 거기서 사역하시는 전도사님에게 물었습니다.

"이분들은 다 문둥병 환자이고 사회에서 그리고 가족에게서 버림받은 사람들인데 왜 이렇게 행복해 보이지요?"

전도사님이 말씀하셨습니다.

"세상에서는 이곳이 인간이 갈 수 있는 마지막 섬이라고 하는데 사실 그렇지 않습니다. 모든 인간이 최종적으로 가야 할 섬이 있습니다. 이분들은 다 그 섬에 다녀온 사람이고 그 섬에 사는 사람입니다."

"그게 무슨 섬이었죠?"

"찌라도라는 섬입니다. 그들은 매일 그 섬에 삽니다. 그들은 매일 이 성경 구절을 암송하며 삽니다."

그러면서 하박국 3:17-18을 암송하더랍니다.

비록 무화과나무가 무성치 못할 찌라도
포도나무에 열매가 없을 찌라도
감람나무에 소출이 없을 찌라도
우리의 양이 없을 찌라도
외양간에 소가 없을 찌라도
나는 여호와로 말미암아 즐거워하며
구원의 하나님으로 말미암아 기뻐하리로다.

우리도 찌라도 섬에 살아야 합니다.
하나님이 우리를 이 풀무불 속에서 구원하실 것입니다.
그러나 그리 아니하실 '찌라도'
우리는 하나님을 섬길 것입니다.

말씀 들여다보기

단 6:6 ○그리하여 총리들과 방백들은 왕에게로 나아가서 아뢰었다. "다리우스 임금님, 만수무강 하시기를 빕니다.

단 6:7 이 나라 정승들과 대신들과 지방장관들과 고문관들과 총독들이 모두 의논한 바가 있습니다. 임금님이 법을 한 가지 만드셔서, 금령으로 내려 주시도록 요청하기로 하였습니다. 그 법은, 앞으로 삼십 일 동안에, 임금님 말고, 다른 신이나 사람에게 무엇을 간구하는 사람은, 누구든지 사자 굴에 집어넣기로 한다는 것입니다.

단 6:8 바라옵기는, 임금님이 이제 금령을 세우시고, 그 문서에 임금님의 도장을 찍으셔서, 메대와 페르시아의 고치지 못하는 법을 따라서, 그것을 다시 고치지 못하게 하시기를 바랍니다."

단 6:9 그리하여 다리우스 왕은 금령의 문서에 왕의 도장을 찍었다.

단 6:10 다니엘은, 왕이 금령 문서에 도장을 찍은 것을 알고도, 자기의 집으로 돌아가서, 다락방으로 올라갔다. 그 다락방은 예루살렘 쪽으로 창문이 나 있었다. 그는 늘 하듯이, 하루에 세 번씩 그의 하나님께 무릎을 꿇고 기도하며, 감사를 드렸다.

24

예레미야 – "눈물"과 관계 맺음

예레미야의 뜻은 '하나님이 지명하신 자'입니다

대체로 눈물이 의미하는 바는 슬픔, 아픔, 상처, 고통, 진실, 간절……. 이러한 것입니다. 물론 기뻐서 흘리는 눈물도 있습니다. 어찌 되었든, 현대는 눈물이 메마른 시대입니다.

예레미야의 별명은 '눈물의 선지자'입니다. 예레미야는 오늘날로 이야기하면 이사야와 같은 지원병이 아니라, 싫다고 하는데도 가야만 되는 차출병입니다. 그는 억지로 선지자로 부름을 받았다는 말입니다. 그는 쓰러지고 넘어지고 마침내 멸망해 가는 유다의 운명과 함께하며 하나님의 말씀을 전했던 인물입니다.

그의 사명과 메시지는 여느 예언자와는 다릅니다. 그의 메시지는 반민족적, 반애국적으로 매도 되었습니다. 예를 들어 멸망해 가는 대한민국을 보면서 어서 일본에 항복하고 포로로 끌려

갈 준비를 하라고 예언한다면 돌 맞아 죽기 십상입니다.

예레미야는 태어나기 전부터 하나님께서 열방의 선지자로 부르셨습니다. 이스라엘에 민족주의가 선명한 가운데 예레미야는 열방도 하나님이 쓰신다는 메시지를 전해야만 했습니다. 쉽게 말해 바벨론이란 막대기로 유다 이스라엘을 징계하신다는 것입니다. 예레미야는 그 당시 신앙 세계와 정신세계에 맞지 않는 메시지를 전해야만 했습니다. 그래서 그는 왕따당하고 망해가는 유다를 보며 눈물을 흘리며 메시지를 전해야만 했습니다. 듣고 안 듣고는 듣는 사람이 책임을 져야 하고 메신저는 전해야만 되는 것입니다.

어떤 메시지는 호응도가 열광적이고, 어떤 메시지는 호응도가 싸늘하고 차가운 얼음과 같습니다. 그래서 예언에서 중요한 것은 메시지의 '호응성'이 아니라 메시지의 '정확성'입니다.

그가 눈물의 예언자로 불리는 것은 나라의 멸망을 미리 알면서 그로 인해 울부짖는 백성들의 탄식과 하나님을 동시에 느끼면서 눈물을 흘려야만 했기 때문입니다.

예레미야가 가장 힘들어했던 것 중의 하나가 거짓 선지자들의 위선과 조작된 메시지입니다. 하나님의 이름을 팔며 자신들을 마치 하나님의 대변인인 양 말하며 거짓 평안과 거짓 번영을 말하는 메시지였습니다. 백성들은 '들어야 하는 메시지'에 귀를 기울이지 않고 '듣고 싶어 하는 메시지'에 귀를 기울였습니다. 예레미야와 하나냐의 충돌이 대표적 사례입니다.

예레미야는 때로는 하나님이 그를 버렸다는 생각에 괴로워

했습니다. 때로는 하나님께 자신의 원수에게 보복해 달라고 매달리기도 했습니다. 그는 끊임없는 고통으로 신음하며 하나님의 선하심과 불변성을 의심하기도 했습니다. 그러나 그의 갈등은 불신이라기보다는 진솔함에서 비롯된 아픔에 대한 토로였습니다. 그래서 하나님도 그를 책망하기보다는 품어주셨습니다. 그의 원망은 진심이 아니라 아파서 지르는 비명이라는 것을 잘 아시기 때문입니다.

그칠 줄 모르는 핍박과 박해 속에서 예레미야는 회개하고 돌아오면 하나님이 용서해 주실 것이라고 외쳤습니다. 그러나 사람들은 그의 메시지를 받아들이지 않았습니다. 오히려 백성들의 협박과 공갈, 심지어 폭행에까지 시달려야 했습니다. 그러나 그는 묵묵히 그의 길을 갔습니다.

오늘날의 기준으로 예레미야의 사역을 평가한다면 그는 한없이 실패한 사람입니다. 그는 사십 년간 하나님의 말씀을 선포했습니다. 그러나 거의 모든 사람이 그가 하나님의 선지자라는 사실조차 인정하지 않았습니다. 예레미야는 세상 기준으로는 철저하게 실패했지만, 하나님의 기준으론 대단한 성공을 누린 선지자입니다. 하나님의 기준은 딱 한 가지입니다. '각자의 받은 소명과 말씀에 얼마나 순종했는가'이기 때문입니다.

그는 때론 반항하기도 했지만 아무리 힘들고 어려워도 하나님께 받은 선지자의 소명에 신실했습니다. 하나님의 말씀에 철저하게 순종했습니다. 그래서 그는 하나님 앞에서 성공한 선지자입니다.

하나님의 부르심을 받고 목회를 한 지 32년이 되었습니다. 이 세월 동안 나름 기쁨과 아픔을 많이 경험했습니다.

아주 오래전 저에게 시험이 찾아왔습니다. 지나 보면 별것 아닌데 그때에는 왜 그렇게 크게 보였는지 모릅니다. 교회를 떠나야겠다고 생각했습니다. 마침 그 기간에 중고등부 연합 수련회가 가평에서 열리고 있었습니다. 중고등부 교사인 황선희 권사님이 먼저 학생들을 인솔해 가시고 저는 나중에 혼자 도착했습니다. 교회의 이런저런 문제로 마음이 아프고 쓰렸기 때문입니다.

수련회장에 도착한 저는 지방 목사님들과 인사를 나누고 황 권사님과 이런저런 이야기를 나누고 있었습니다. 그리고 평소에 신실했던 우리 교회 황 권사님에게 아무래도 교회를 떠나야 할 것 같다고 말했습니다. 그런데 제 이야기를 듣던 황 권사님이 갑자기 펑펑 우시는 겁니다. "제발 떠나지 말아 주세요. 목사님이 떠나면 우리가 어떻게 신앙생활 하겠습니까." 정말 진심으로 흘리는 눈물과 말이었습니다. 그때 참 고마웠습니다. 목사의 마음을 이해해 주고 함께해 주고 남아 달라고 눈물로 붙잡아주는 성도가 있으니 목회 실패는 아닌 것 같았습니다. 시험에 든 제 마음이 녹고 풀렸습니다. 아비가일의 말에 다윗의 마음에 은혜가 찾아왔던 것처럼 말입니다. 지금 생각해 보면 시험이고 남아서 끝까지 이곳에서 목회할 수 있어 감사합니다.

황 권사님 고마워요!

그때 눈물로 날 진심으로 붙잡아 줘서요!

그리고 지금도 복된 관계를 지켜줘서요!

어느 은퇴 목사 아들의 은퇴 찬하사

아버지의 목회자 은퇴를 찬하하며.

나는 아버지, 어머니란 말로도 가슴이 벅차다. 우리 가족은 아버지, 어머니, 아들만 3형제 이렇게 다섯 식구다.

아버지는 어려서부터 뼈저리게 가난하셨던 분이다. 옛날 부산의 최고 명문이었던 경남 중학교에 합격하시고도 가난이라는 두 글자 때문에 진학할 수 없으셨다.

결혼 후에도 가난은 계속되었다. 온 가족이 누우면 몸부림도 칠 수 없는 단칸방에서 살아야 했다.

거의 40년 가까이 된 얘기지만 생활비 만 원 남짓한 돈으로 온 가족이 살아야 했다.

방 2개짜리 전세로 옮겨서는 무슨 용기이신지 조카 한 명까지 거두어 돌보셨다. 오랜 기간이 지나지 않아 그 사촌 형은 미국으로 이민갔지만…….

그런 와중에 둘째 아들인 나는 돌이 되기 몇 달 전부터 원인불명의 설사병으로 3개월 이상 고생하다가, 탈수 및 영양실조로 죽음 직전에 이르고 부모님은 온갖 병원으로 돌아다녔지만 허사였다.

마지막이란 맘으로 결혼 예물까지 전 재산 모두를 온전히 하나님 앞에 내려놓고 하나님께 눈물로 간절히 구하셨다. 그 눈물 때문에 지금 내가 이 글을 쓰고 있다고 믿는다.

아버지는 부산서지방의 어느 교회에서 25세에 집사, 30세에 권사, 35세에 장로가 되신 후 성직자의 길을 조금 늦게 시작하셨다. 부교역자 생활을 하시던 중 1983년에 부산동지방의 어느 교회를 개척하시고, 1996년에 서지방으로 옮기셔서 목회하셨다. 단독 목회는 2개 교회에서 27년간 하시고 이번에 1년 앞당겨 자원 은퇴를 하신다.

내가 철없던 시절 아버지를 통하여 느낀 목회자의 모습은 가난, 희생, 봉사뿐이라고 느꼈었다. 유창한 설교를 통하여 부흥시키는 목사님이 되길 바란 적도 있었고, 재미난 설교로 청중을 모으는 능력을 지닌 목사님이 되길 바란 적도 있었다. 하지만, 아버지는 항상 평범한 설교를 하는 조그만 교회의 목사님으로 27년을 지내셨다.

우리가 어린 시절 김치보다 고구마 줄기 반찬을 많이 먹이셔야 했었고, 때로는 간장을 아들에게 반찬으로 주셔야 했었고, 어떤 날은 눈물 젖은 눈으로 쌀이 떨어졌다고 하셨고, 주스가 먹고 싶은 아들에게 주스에 물과 설탕을 타서 희석해 주셨던 아버지다. 떠먹는 요구르트가 나온 지 3~4년이 지난 후에야 처음으로 우리에게 사주시고 온 가족이 상한 것 같다고 가게에 항의

하러 갔다가 이상한 사람 취급받았던 우리 가족. 내가 고등학교 졸업할 때까지 단 한 번도 가족끼리 삼겹살 외식도 못 시켜 준 가장이 나의 아버지다.

형이 고등학교 3학년일 때에 학급 지원금 5만 원을 못 내셔서 키 작은 우리 형을 제일 뒷자리에 앉히신 아버지. 둘째인 나는 초등학교 5학년 때 심한 급성 간염으로 입원시키라는 의사 말에도 3개월간 집에서 휴양시키셨던 아버지. 동생은 영양이 부족하여 소아 결핵이 걸려 투병하는 모습을 묵묵히 지켜보시던 아버지가 바로 나의 자랑스러운 아버지다.

아버지는 27년간 새벽예배까지도 한 번도 빠지지 않고 홀로 인도하셨고(연회 등의 공식적 출타는 제외), 한 번도 휴가가 없었던 무능한 목사님이 나의 자랑스러운 아버지다. 못하는 설교 준비는 뒤로 하고 27년간 교회 청소와 화장실 청소를 하신 설교 전문 목회자가 아닌 미화 전문 목회자였던 나의 아버지. 장단 맞춘다고 27년간 교회의 부엌일을 하셨던 어머니. 그분들이 이제는 자랑스럽다.

2009년 만장일치로 부산서지방 감리사로 추대되시고도 감리사 직을 사양하신 목사님이 우리 아버지다. 훌륭한 분들은 감독님, 감독 회장님도 하시는데 훌륭한 나의 아버지는 감리사도 못 하시고 은퇴하신다.

은퇴하시면서도 교회에서 빈손으로 나오시며 헌금 더하지 못해 죄스러워하시는 가난 전문 우리 아버지. 퇴직적립금도 중간에 정산하셔서 전액 헌금하신 우리 아버지. 결혼 후 이제까지

40년간 추수 감사 헌금은 무조건 한 달 수입 전액을 바치셨던 무모한 우리 아버지. 30년 전 운전면허 따시고 좋아하셨는데 결국 티코도 한 번 운전 못 해보신 우리 아버지.

하지만, 가난 속에서도 이웃을 도우시고, 가족을 위해 항상 기도하시고, 매일매일 전 교인의 이름을 불러가며 기도(교인이 많지 않아서 가능함^^)하시고, 희생하시던 우리 아버지가 이제는 감히 자랑스럽다. 아들 한 명은 목회하기를 내심 바라셨지만 아버지의 가시밭길 같은 목회를 보면서 우리는 절대 그렇게 살지 않기로 의기투합했던 우리 3형제가 조금 부끄러워진다.

어린 시절 철없이 하나님께 '30배, 60배, 100배 열매 주신다고 하셨으니 내가 어른이 되면 아버지보다 30배, 60배, 100배 돈 벌게 해주세요'라고 어이없는 기도를 한 나에게 그 기도를 넘치게 이루어 주신 하나님은 아마도 나의 기도가 아닌 아버지의 기도에 응답하신 것 같다.

지금 형은 세계 1위라고 하는 S 전자 책임연구원이 되었고, 나는 전문의가 되어 개원하였고, 동생은 한의사가 되었다. 세 명이 지금의 모습이 되기까지 수많은 우여곡절이 있었는데 지금 생각해 보니 어느 것 하나도 하나님의 역사하심이 아닌 것이 없다. 아마 이제껏 가난하게 사신 아버지를 잘 모시라는 하나님의 뜻인 것 같다. 아버지에게 축복하시면 또 다 바치고 가난하게 지내실 것 같으셔서 아들들에게 맡기시는 하나님의 센스가 아닐까 싶다.^^

이 모든 것이 아버지의 기도와 희생의 결실이라는 것에 우리

3형제는 의심의 여지가 없다.

지금 지나고 보니 매 주일 하셨던 아버지의 설교는 항상 평범했지만, 아버지의 70년 인생 자체가 가장 길고도 위대한 설교였다.

그것을 마흔이 되어서야 이제 깨달았다.

깨닫고 보니 아버지가 은퇴하신다.

돌이켜보면 인간적으로 가족의 추억은 가난과 어려움뿐이지만, 하나님 앞에서는 은혜와 축복뿐인 세월이었다.

우리 가족 5명은 가족인 동시에 하나님이란 빛 하나만을 바라고 가난이라는 긴 터널을 지나면서, 같이 수많은 은혜와 축복의 단비를 경험한 신앙의 동지였다.

아버지의 은퇴를 진심으로 찬하합니다.[1)]

---

1) 어느 은퇴 목사 아들의 은퇴 찬하사 인용.

말씀 들여다보기

렘 1:4 [예레미야의 소명] 주님께서 나에게 말씀하셨다.

렘 1:5 "내가 너를 모태에서 짓기도 전에 너를 선택하고, 네가 태어나기도 전에 너를 거룩하게 구별해서, 뭇 민족에게 보낼 예언자로 세웠다."

렘 1:6 내가 아뢰었다. "아닙니다. 주 나의 하나님, 저는 말을 잘 할 줄 모릅니다. 저는 아직 너무나 어립니다."

렘 1:7 그러나 주님께서 나에게 말씀하셨다. "너는 아직 너무나 어리다고 말하지 말아라. 내가 너를 누구에게 보내든지 너는 그에게로 가고, 내가 너에게 무슨 명을 내리든지 너는 그대로 말하여라.

렘 1:8 너는 그런 사람들을 두려워하지 말아라. 내가 늘 너와 함께 있으면서 보호해 주겠다. 나 주의 말이다."

렘 1:9 ○그런 다음에, 주님께서 손을 내밀어 내 입에 대시고, 내게 말씀하셨다. "내가 내 말을 네 입에 맡긴다.

렘 1:10 똑똑히 보아라. 오늘 내가 뭇 민족과 나라들 위에 너를 세우고, 네가 그것들을 뽑으며 허물며, 멸망시키며 파괴하며, 세우며 심게 하였다."

시 126:5 눈물을 흘리며 씨를 뿌리는 사람은 기쁨으로 거둔다.

시 126:6 울며 씨를 뿌리러 나가는 사람은 기쁨으로 단을 가지고 돌아온다.

25

욥 – "고난의 자세"와 관계 맺음

욥의 뜻은 '미움받는 자', '회개하는 자'입니다

미국에서 젊은 교민 부부가 행복하게 살고 있었습니다. 그런데 어느날 남편이 교통사고로 죽었습니다. 아내는 충격에 휩싸였습니다. 너무 슬퍼해서 장례 절차가 제대로 진행되지 않았습니다. 하관 예배를 드리는데 아내가 놓아주질 않습니다. 누가 이야기를 해도 소용이 없었습니다. 목사님이 계속 설득하셨습니다. "자매님 남편은 천국으로 갔으니 그만 보내 주세요." 권면을 해도 소용이 없었습니다.

그때 어떤 권사님이 다가가 관을 붙들고 있는 여인의 귀에다 한마디 하니 관을 놓았다고 합니다. 사람들은 깜짝 놀라 도대체 무슨 말을 해서 그 여인이 관을 놓았는가? 하며 궁금해했습니다. 그 권사님은 남편의 관을 부둥켜안고 놓아주지 않는 그 여인의 귀에 대고 이렇게 이야기했습니다.

"이 사람아, 자네는 3년 살았지. 난 6개월 살았어!" 나의 아픔은 다른 아픈 이의 마음을 치유할 수 있습니다. 주님은 우리와 동일화하시기 위해 인간의 몸을 입고 이 땅에 오셔서 십자가의 죽음을 당하셨습니다.

인생이라는 깊은 세계에서 한번 생각해 보시기 바랍니다. 참으로 행복이란 어디서부터 오는 것입니까? 여러분은 행복을 어떻게 생각하고 있습니까? 그것이 소유입니까, 지위입니까, 명예입니까, 아니면 권세입니까? 내 행복은 어디에 있는 것입니까? 참으로 내가 행복할 수 있는 길은 어디에 있습니까?

세계적으로 존경받는 정신분석학자 칼 메닝거는 그 방법을 이렇게 결론짓고 있습니다. "태도(attitude)는 사실보다 중요하다." 삶의 자세가 사실보다 중요하다는 것입니다. 우리는 환경이 달라지기를 바랍니다. 대우가 달라지기를 바랍니다. 세상이 변하기를 바랍니다. 그러나 세상이 백 번 달라져도 내가 달라지지 않으면 소용이 없습니다. 행복의 근본은 나 자신에게 있는 것이지 결코 사실 자체에 있는 것이 아닙니다.[1)]

성경 속에서 가장 큰 고통을 당할 때 하나님과의 온전한 관계의 태도를 보여준 사람은 단연 욥입니다. '욥' 하면 고난입니다. 그래서 욥기 읽기를 꺼리거나 욥 가까이에 가려고 하지 않습니다. 우리가 고난에 대해 두려움을 갖고 있고, 고난에 취약하며, 고난의 유익을 잘 모른다는 생각이 듭니다.

---

1) 곽선희, 내게 말씀을 주소서(출판: 소망, 2001).

인생에서 고난 없이 살다가 죽는 사람은 드물기는커녕 없을 것입니다. 인생 자체가 살아가는 전투입니다. 예수님은 인간을 "수고하고 무거운 짐 진 자"(마11:28)로 보셨습니다.

다시 욥기로 돌아가면 하늘에서 천상회의가 열렸습니다. 이 회의에 사탄도 참여했다는 것이 참 흥미롭습니다. 이때 하나님이 욥을 칭찬하고 자랑하십니다. 하나님도 자신의 자녀들이 바르게 살면 기분이 좋고 자랑하고 싶어 하신다는 것을 알게 됩니다. 인격을 가지신 우리의 참 아버지라는 생각이 듭니다.

누가 칭찬을 하면 못마땅해하는 사람들이 있습니다. 이날 천상회의에서도 욥을 칭찬하는 하나님의 말씀을 걸고 넘어지는 인물이 사탄이었습니다. 우리가 알다시피 사탄은 욥의 신앙에 진정성이 없다고 주장합니다. 무조건적인 신앙이 아니라 조건적인 신앙이라고 주장하는 것입니다. 하나님이 욥에게 그렇게 많이 복과 은혜를 내려 주시는데 그렇게 하나님을 경외하지 않을 사람이 어디에 있겠냐는 것입니다. 축복의 조건들을 빼앗으면 제아무리 욥이라고 할지라도 하나님과의 관계를 단번에 끊어 버릴 것이라는 주장을 폅니다. 그런데 하나님이 사탄의 말대로 시험을 허락하십니다.

욥은 영문도 모르는 채 하루아침에 불행을 당합니다. 계속 연거푸 고난이 닥쳐옵니다. 재산이 다 날아가고, 자식들이 죽고, 아내는 하나님을 저주하고 죽으라고 말하며 떠나버렸습니다. 주변 사람들은 떠나고 자신은 몹쓸 피부병에 걸려 자신의 태생을 저주하는 지경까지 이르게 되었습니다. 그러나 이때도 욥은 하나님과의 관계를 끊지 않습니다. 진정한 관계는 어려움에서 증명되고 밝혀지게 되는 법입니다.

욥기의 주제는 '왜 고난이 찾아오는가?'에 있지 않습니다. 욥기는 친구들이 찾아와 인과응보적인 이야기로 욥의 고난의 문제를 풀려고 하지만 설명이 부족합니다. 결국, 욥기에서 말하고자 하는 것은 고난의 원인을 어디서 찾을 것인가가 아닙니다. 욥기의 핵심은 고난이 찾아왔을 때 '어떤 자세와 태도를 보여야 하는가'에 있습니다. 여전히 하나님을 신뢰하는지 사랑하는지 말입니다.

고난을 대하는 자세는 하나님과의 관계를 멀어지게 할 수도 있고 더욱 하나님께 인정받고 하나님과 관계가 더욱 깊어지게 할 수도 있습니다. 욥은 후자에 속합니다.

오래전 머리가 아파 일산 복음병원에서 MRI를 찍고 암 진단을 받았습니다. 그 주간 너무 상심되어 예배를 어떻게 드렸는지 생각도 잘 안 납니다. 의사가 일주일 후에 다시 사진 찍어보자고 했습니다. 그때 저는 제 신앙의 바닥을 보았습니다. 정말 떨리고 두렵고 아무것도 안 보였습니다. 교회 강대상 앞에 무릎 꿇고 얼마나 간절히 하나님께 매달렸는지 모릅니다.

"한 번만 살려주세요."

그렇게 일주일을 보냈습니다. 그리고 다시 가서 찍고 암이 아닌 염증 소견으로 나와 지옥과 천국을 오갔습니다. 암이 아니라 염증이라는 판명을 받은 그 주간의 예배는 모든 것이 새로워 보이는 정말 기쁨의 예배였습니다.

근데 사실 우리는 암보다도 더 무서운 지옥에서 천국으로 이동한 사람들입니다. 영원한 지옥에서 구원받아 영원한 천국에 살게 되었다는 구원의 사실 한 가지만으로도 우리는 예배의 깊은 감격에 빠져야 한다는 사실은 분명합니다. 지옥을 한번 경험한 사람만이 천국과 구원의 가치를 더 크게 알게 되는 것입니다. 하나님과의 관계가 얼마나 중요한지 매일 매시간 알아야 합니다. 이 사건 이후 저는 주님께 모든 것을 맡기고 삽니다.

형통하다고 우쭐할 것도 없고, 고난이 왔다고 기죽을 필요도 없습니다. 이 땅은 잠시 왔다가 가는 세상이요, 우리의 본국은 천국에 있기 때문입니다.

여호와는 나의 목 짜르시니

우리나라 교회사 초기에는 목회자도 귀했고 성경도 무척 귀했습니다. 선교사들의 발길이 닿는 곳에 교회를 세우고, 한 교회만을 돌볼 수 없기에 그 마을에서 예수를 믿기로 작정한 사람들 가운데 성경을 읽을 줄 아는 사람을 '조사'로 임명해 놓고 다음 마을로 갑니다. 그래서 몇 달에 한 번씩 그 교회를 다시 방문

하곤 했습니다.

그 당시 전깃불이 있을 리가 없지요. 주일 저녁 예배 시간에 조사들이 성경을 읽습니다. 가물거리는 호롱불 밑에서 두꺼운 돋보기를 끼고 성경을 읽습니다. 시편 23편을 읽는데 "여—호와는 나---의--목자이시니--내가 부—족---함이 없으리로--다" 겨우겨우 읽습니다.

한번은 경상북도 어느 산골 교회에서 조사가 성경을 읽고 있었습니다. 그런데 호롱불이 가물가물해서 글씨가 잘못 보였던 모양입니다. "여호와는 내 목 짜르시니 내게는 부족함이 없도다." 성경을 읽고 난 다음에 조사가 비장한 얼굴로 설교하기 시작했습니다. "여호와께서 내 목을 짜르셔도 저는 부족함이 없습니다. 죽어도 좋습니다." 그러자 온 교인들도 저마다 손을 들고 "내두요! 내두요! 여호와가 내 목을 짜르셔도 주님을 따르겠습니다" 하며 열정에 찬 고백을 하더랍니다. 주의 일 하다가 여호와께서 내 생명 거두어 가셔도 좋다는 정신, 이것이 사명이요 열정입니다.[2]

2) 류영모, 꿈대로 되는 교회(출판: 나침판, 1999).

말씀 들여다보기

욥 1:22 이렇게 욥은, 이 모든 어려움을 당하고서도 죄를 짓지 않았으며, 어리석게 하나님을 원망하지도 않았다.

26

느헤미야 – "조건 없는 헌신"과 관계 맺음

느헤미아의 뜻은 '여호와께서 위로하신다'입니다

어느날 아침 10갤런짜리 모자를 쓴 텍사스 사람 하나가 어슬렁거리며 교회 사무실로 들어와 가만히 책상 앞으로 다가왔습니다.

"여기 이 교회 왕초하고 이야기하러 왔습니다."

그는 심한 남부 사투리가 섞인 느린 말투로 말했습니다.

"교회 -----."

"뭐라구요?"

놀란 사무원이 되물었습니다.

"왕초요 왜 거 있지 않습니까? 매 일요일 아침마다 계속 떠들어 대는 사람 말입니다. 목장으로 들어가는 길에 그 사람하고 할 이야기가 있어 들렸습니다."

그 텍사스 말하는 음절마다 길게 늘어지는 특유의 사투리로 말했습니다. 그의 불경스런 언어가 기가 막혀 그 품위 있고 단정한 사무원은 의자에서 허리를 곧게 펴고 앉았습니다. 그러고 나서 학생을 꾸짖는 초등학교 교사와도 같은 목소리로 반박했습니다.

"이보세요! 이 사무실에서 그런 무례한 언어는 사용하지 않습니다. 그분을 목사님이라고 부르지 그 외의 호칭으로는 부르지 않는다구요."

"저 —"

그 남자는 느린 말투로 계속했습니다.

"절대로 무례하게 굴려던 게 아닙니다. 가축 한 떼를 팔았는데 하나님이 저더러 백만 불을 기부하라고 하시기에 여기다 기부할까 생각했습니다."

그러자 그녀는 목소리에 활기를 띠며 재빨리 이렇게 대답했습니다.

"아주 잠시만 기다리세요. 가서 왕초 불러올게요."

(금새 나온 목사님) "제가 이 교회 왕초입니다."[1)]

사람은 누구나 자신의 필요에 따라 움직입니다. 자신의 유익에 따라 얼마든지 태도를 바꿀 수 있습니다.

그러나 여기 오히려 자신의 부귀영화를 내려놓고 조국 이스라엘의 회복을 위해 온전히 헌신한 사람이 있습니다. 바로 느헤미야입니다.

주전 722년에 북이스라엘이 앗수르에 망하고, 주전 586년에

---

1) 웨인 코대미로, 태도를 바꾸면 성공이 보입니다(출판: 예수전도단, 2003)

는 남쪽 유다마저 바벨론에 망하였습니다. 그래서 수많은 사람이 포로로 끌려갑니다.

우리가 알아야 할 것은 포로로 끌려가는 사람들은 아무나 끌려가는 것이 아니라는 것입니다. 그 당시 엘리트 계층과 지식인, 그리고 기술자들, 사회를 구성하는 데 중추 세력이 되는 사람들이 끌려갔습니다. 다시는 그 나라를 재건하지 못하도록 하는 포석도 깔려있고 고급 기술자들을 끌어가서 사용해 먹자는 취지도 있습니다.

나라가 망하면서 이스라엘 사람들은 큰 충격에 빠졌습니다. 이스라엘을 가장 충격과 절망에 빠뜨린 것은 세 가지 사실입니다. 첫째는 성전이 파괴되고, 둘째는 성전 기물들이 탈취되고, 셋째는 요새와 같은 예루살렘 성벽이 무너졌다는 사실입니다.

포로로 끌려간 이스라엘 백성들은 많은 것을 깨닫습니다. 특히 유대인들은 하나님이 지켜 주시고 마음껏 예배드리는 것이 얼마나 큰 축복인지 포로지에서 뼛속 깊이 깨닫습니다.

주님의 섭리로 주전 539년에 바벨론이 페르시아에 멸망을 당합니다. 하나님의 섭리로 고레스왕은 유대민족과 많은 민족이 고향에 돌아가 공동체를 재건할 수 있는 고레스 칙령을 주전 538년에 발표합니다. 그래서 유다 백성은 3차에 걸쳐 귀향합니다.

1차 귀향은 스룹바벨의 인도로, 2차 귀향은 에스라의 인도로 귀향합니다. 그리고 3차는 느헤미야의 인도로 귀향하게 됩니다. 포로로 끌려간 유대인들은 나름대로 터전을 잘 잡고 살았기 때문에 굳이 돌아갈 이유가 없었습니다. 소위 남은 자들, 그러니까 이스라엘의 재건과 부흥을 꿈꾸며 여호와 하나님과 관계를 맺고 살았던 사람들 10~30% 정도만 귀향합니다.

놀랍게도 3차 귀향을 이끌고 예루살렘 성벽을 재건한 느헤미야는 포로지에서 태어났습니다. 그렇기 때문에 예루살렘을 가본 적이 전혀 없는 사람입니다. 그 땅에 대해 전혀 알 수 없었고 경험하지 못했습니다. 단지 부모들에게 전해 듣고 전수받은 신앙이고 전수받은 이야기뿐입니다.

그런 그가 민족이 어렵고 성전은 파괴되고 성벽은 불타고 폐허가 된 나라를 재건하겠다는 마음이 생긴 것은 전적으로 하나님과의 관계에서 나온 것입니다. 그리고 왕에게 자신이 동포들을 이끌고 가서 성벽을 재건하겠다는 소원을 밝힙니다. 자신은 높은 관료입니다. 구태여 이런 어려운 일로 자신이 희생도, 헌신도, 상관도 할 필요가 없습니다. 희생과 위험과 모험이 따를 뿐입니다.

그런데 아무 조건 없이 오직 조국의 재건을 위해 1,500km나 떨어져 있는 예루살렘으로 동포들과 함께 갔습니다. 그리고 수많은 견제와 질투, 방해를 막아내고 오직 하나님께 기도하고 동료들을 격려하고 위로하며 성벽을 재건하게 됩니다.

오늘날 같은 이기주의 시대에 이 땅과 조국, 교회에는 느헤미야와 같은 지도자가 필요합니다. 하나님과 관계에서 나오는 조건 없는 진실한 헌신과 수고와 희생하는 자가 필요합니다.

그럼 작은 교회는 누가 지켜요

제 아들이 고등학생 때의 일이 생각납니다. 참고로 2024년인 지금 제 아들은 목사이고 32살입니다. 그러니까 세월이 꽤 지난 이야기입니다. 그때 저도 비교적 젊은 나이였습니다.

제가 존경하는 목사님이 돌아가시면서 제게 꽤 큰 교회의 담임목사 자리를 연결해 주셨습니다. 존경하는 목사님이시라 제의를 그냥 거부하기가 예의가 아니고 해서 기도해 보겠다고 했습니다. 그리고 그 교회도 다녀왔습니다.

당시 제가 섬기던 교회와는 모든 면에서 비교할 수 없을 만큼 크고 좋은 교회였습니다. 그때 우리 교회는 교회 건축을 하고 막 부흥하려는 때였습니다. 그리고 개척을 해서 그런지 성도들이 눈에 밟혀 차마 떠나기 어려웠습니다.

우리 가족은 어떻게 해야 할지 이 일을 놓고 기도하고 가족회의를 했습니다. 저희 부부와 아들, 딸 넷이 의견을 내고 다수결에 의해 결정하기로 했습니다. 일단 제가 이야기했습니다.

"그 큰 교회로 가면 아빠가 월급도 많이 받아서 너희에게 핸드폰도 사줄 수 있고, 용돈도 많이 줄 수도 있고, 큰 아파트에서 살 수 있고, 봉고차가 아니라 멋진 승용차도 탈 수 있고……."
등 이점을 이야기했습니다. 그런데 갑자기 아들이 불쑥 제 말을 끊으며 한마디 했습니다.

"그럼 아빠 우리 같은 작은 교회는 누가 지켜요?"
이 말 한방에 우리 가족은 만장일치로 우리 교회에 남기기로 했습니다.

이 일이 있고 나서 이 사실을 안 주변의 동역자들로부터 너무 배불렀다느니, 그런 기회를 박찼냐느니, 이 기회를 어이없이 버렸냐느니 등 여러 가지 말들이 들려왔습니다. 결론으로 말하면 비록 작고 약하지만 지금 우리 '아름다운 교회'를 선택한 것은 정말 잘한 일이라 생각됩니다. 그런데 한 가지 더 말씀드릴 게 있습니다. 세월이 흘러 아들이 신학교를 다닐 때 불쑥 이런 말을 하였습니다.

"아빠 그때 그 교회로 가지 왜 안 가셨어요?"

아니 지놈이 가지 말자고 해놓고 신학교 다녀보니까 '참 아까운 선택을 했다'라는 생각이 들었나 봅니다. 목회 현실을 보게 된 겁니다. 그리고 아빠가 개척교회만 하고 작은 교회만 있으니 좀 안타까웠나 봅니다. 세월이 지나 아들은 커서 목사가 되고 유학을 준비하고 있습니다.

지금 우리 교회에 남아 목회하다가 은퇴하는 날까지 충성을 다하는 것이 축복이라 생각합니다. 그날의 선택에 후회가 없는 것은 가장 먼저 하나님의 뜻과 하나님과의 관계를 고려해서 결정한 일이기 때문입니다. 그렇게 선택하게 해주신 주님께 감사합니다.

말씀 들여다보기

느 1:1 [느헤미야가 예루살렘을 두고 기도하다] 하가랴의 아들 느헤미야가 한 말이다. ○이십년 [a]기슬르월, 내가 도성 수산에 있을 때에,

*a 양력 십일월 중순 이후

느 1:2 나의 형제 가운데 하나인 하나니가 다른 사람들과 함께 유다에서 왔기에, 이리로 사로잡혀 오지 않고, 그 곳에 남아 있는 유다 사람들은 어떠한지, 예루살렘의 형편은 어떠한지를 물어보았다.

느 1:3 그들이 나에게 대답하였다. "사로잡혀 오지 않고 그 지방에 남은 사람들은, 거기에서 고생이 아주 심합니다. 업신여김을 받습니다. 예루살렘 성벽은 허물어지고, 성문들은 다 불에 탔습니다."

느 1:4 이 말을 듣고서, 나는 주저앉아서 울었다. 나는 슬픔에 잠긴 채로 며칠 동안 금식하면서, 하늘의 하나님께 기도하여

느 1:5 아뢰었다. ○주 하늘의 하나님, 위대하고 두려운 하나님, 주님을 사랑하는 이들과 세운 언약, 주님의 계명을 지키는 이들과 세운 언약을 지키시며 은혜를 베푸시는 하나님,

느 1:6 이제 이 종이 밤낮 주님 앞에서 주님의 종 이스라엘 자손을 위하여 드리는 이 기도에 귀를 기울이시고, 살펴 주십

시오. 우리 이스라엘 자손이 주님을 거역하는 죄를 지은 것을 자복합니다. 저와 저의 집안까지도 죄를 지었습니다.

느 1:7 우리가 주님께 매우 큰 잘못을 저질렀습니다. 주님의 종 모세를 시키시어, 우리에게 내리신 계명과 율례와 규례를 우리가 지키지 않았습니다.

느 1:8 주님의 종 모세를 시키시어 하신 말씀을 기억하여 주십시오. 우리가 죄를 지으면, 주님께서 우리를 여러 나라에 흩어 버리겠지만,

느 1:9 우리가 주님께로 돌아와서, 주님의 계명을 지키고 실천하면, 쫓겨난 우리가 하늘 끝에 가 있을지라도, 주님께서 거기에서 우리를 한데 모아서, 주님의 이름을 두려고 택한 곳으로 돌아가게 하겠다고 하신 그 말씀을, 이제 기억하여 주십시오.

느 1:10 이들은 주님께서 크신 힘과 강한 팔로 건져내신 주님의 종이며, 주님의 백성입니다.

느 1:11 주님, 종의 간구를 들어주십시오. 주님의 이름을 진심으로 두려워하는 주님의 종들의 간구에 귀를 기울여 주십시오. 이제 주님의 종이 하는 모든 일을 형통하게 하여 주시고 왕에게 자비를 입게 하여 주십시오. ○그 때에 나는 왕에게 술잔을 받들어 올리는 일을 맡아 보고 있었다.

27

세례요한 – "쇠함"과 관계 맺음

요한이라는 뜻은 '여호와께서 사랑하시는 자'입니다

C.S. 루이스는 이 세상에서 가장 악한 죄는 '교만'이라고 말합니다. 교만은 자기를 높이는 것입니다. 교만은 경쟁적이고 비교이고 우월감입니다. 이는 인간에게 적대적이고 궁극적으로는 하나님과 적대적입니다. 그는 성적 부정, 탐욕, 분노, 술취함 등은 교만에 비하면 세발의 피라고 말합니다. 다른 죄는 인간의 욕망 안에서 오지만 교만은 지옥에서 곧장 온다고 말합니다. 세상의 악들은 거의 모두가 교만의 결과로 교만이야말로 우리를 파멸시키는 죽음의 덫이고 영적인 암으로 모든 것을 갉아 먹는다고 말합니다. 루이스는 교만에 비하면 다른 죄들은 벼룩에 물린 자국과 같다고 말합니다.

라인홀드 니버는 교만을 권력에 대한 교만, 지적 교만, 도덕적 교만, 영적 교만을 언급하며 이중 영적 교만이 가장 위험하다고 말했습니다. 교만은 최후까지 남는 죄입니다. 교만은 뿌리처럼 땅속에 깊이 뿌리를 내리면서 가지에 해당하는 모든 죄들인 정욕, 탐욕, 분노, 시기 등을 다 쳐내도 다시 올라오는 것이 교만이라고 말합니다.

사람들이 하나님의 구애를 받아들이지 않는 것도 교만에 기인합니다. 그런데 여기 교만할 수 있는 자리에서 오직 겸손으로 하나님과 관계를 맺었던 한 사람이 있습니다. 바로 세례요한입니다.

제사장의 아들로 태어났지만, 예언자의 길을 택한 세례요한. 여자가 낳은 자 중에 가장 위대하다고 주님께 평가받은 세례요한. 군중과 헤롯을 향해 회개하라고 정의를 외쳤던 세례요한. 그 메시지만큼이나 파격적인 죽음을 맞이한 세례요한. 지하의 감옥에서 죽음을 기다린 채 예수님의 찾아오심을 기다리며 예수님에 대한 믿음이 잠깐 흔들렸던 세례요한.

이 세례요한은 분명히 예수님을 위해 태어나서 예수님을 위해 살다가, 예수님을 위해 죽은 인물임이 틀림없습니다.

여러분은 세례 요한에게서 무엇을 가장 인상 깊게 생각하시나요? 저는 개인적으로 세례요한의 말 가운데 가장 위대한 말은 주님을 염두에 두고 한 "그는 흥하여야겠고 나는 쇠하여야 하리라"(요3:30)라는 말씀입니다.

이 말씀은 이 시대 교회와 성도들에게 가장 필요한 예언의 말씀이라고 생각합니다. 이 시대 교회나 성도들을 자세히 살펴볼 것도 없이 그냥 바라다보기만 해도 얼마나 자신들이 흥하며 살아가기를 열망하는지 알 수 있습니다.

세례요한은 예수님보다 사역을 일찍 시작했습니다. 들 사람으로 살면서 정제 없이 뿜어나오는 그의 야성이 담겨 있는 말씀은 이스라엘의 모든 계층을 뛰어넘어 뜨거운 호응을 얻고 있었습니다. 그리고 요단강에서 회개의 세례를 베풀었습니다. 수많은 인파가 몰려들고 서로 제자가 되겠다고 앞다투어 찾아오고 이스라엘 전역은 세례요한 증후군으로 가득했습니다. 그런데 문제는 예수님이 나타나시어 모든 군중과 인기와 관심이 예수님께 쏠리게 되었다는 것입니다.

인간은 자신의 위치를 알아야 합니다. 세례요한의 훌륭한 모습은 그가 자신의 위치를 정확히 알았다는 것입니다. 자신의 위치를 정확히 알 때 모든 관계는 튼실해지고 더욱이 하나님과의 관계가 더욱 깊어질 수 있습니다.

그는 공식적으로 말했습니다.

"나는 물로 세례를 주지만 예수님은 성령으로 세례를 주실 분이다. 나는 그분의 길을 예비하러 온 자에 불과하고 나는 그분의 크기에 비하면 그분의 신발 끈도 매어드릴 자격이 없다." (요1:26-27)

한번은 세례요한의 제자들이 분노와 시기에 차서 자신의 스승인 세례 요한에게 왔습니다. 그리고 예수님에 대한 시기와 분노를 터뜨리고 불만을 이야기했습니다.

"예수라는 분이 나타나 모든 군중이 다 거기로 갑니다. 무슨 조치라도 취해야지 않겠습니까?"

세례요한은 흥분하지 않고 그 마음의 진실을 이야기했습니다.

“그는 흥하여야겠고 나는 쇠하여야 하리라.”(요3:30)

얼마나 멋진 말입니까? 우리의 위치와 주님을 믿는 우리의 태도가 무엇이어야 하는지 이보다 정확히 말해주는 것은 없습니다.

그런데 우리는 거꾸로 살아갑니다. ‘나는 흥하여야겠고 주님은 쇠하여야 하리라’ 이런 식으로 살아가는 것이 분명합니다.

이 땅과 민족교회와 우리 자신을 보십시오! 모두 다 자기 교회와 자신을 위해 온통 주님을 이용해 ‘흥’하려고만 하지 않습니까? 말로는 하나님의 영광을 위해서라고 말합니다. 그러나 실상은 자신의 영광을 위해서입니다.

주님을 과소평가하지 않으셨으면 합니다. 주님은 우리에게 이용당하시는 분이 아닙니다. 방향을 바꾸셔야 합니다. 더 늦기 전에 진짜 제자, 진짜 그리스도인이 되십시오.

참된 제자의 시금석은 ‘주님은 흥하고 나는 쇠하는 관계의 영성’을 가지는 것입니다. 신앙의 실력을 쌓아야 합니다. 자기를 부정하고 자기 십자가를 지고 주님을 따라야 천국에 도달합니다. 이것이야말로 하나님과의 관계, 다른 사람과의 관계를 더욱 깊어 만들어 주는 지름길입니다.

용삼 씨

용삼 씨는 노숙자입니다.

우리 교회는 노숙자 목회를 한 18년쯤 하다가 코로나가 와서 멈추고 이런저런 이유로 해서 지금은 못하고 있습니다.

노숙자들에게 주중에 오면 얼마씩 주고, 성탄절 이브에는 120명쯤 초청해서 교회에서 행사를 같이 나누고 저녁 식사와 선물과 여비를 챙겨주었습니다.

솔직히 말하면 노숙자 목회를 하면 정말 어려운 일들이 많습니다. 술 먹고 매일 찾아옵니다. 언제든 교회에서 잡니다. 교육관 소파는 고약한 냄새로 늘 절어 있습니다. 주일에는 예배를 방해하기도 합니다. 자기는 특별대접을 받아야 한다고 심통을 부리는 사람도 있습니다. 가짜 말고(?) 진짜 노숙자 한 분만 왔다가도 온 교회에 냄새가 진동합니다. 연말 행사 때가 되면 서로 싸우고 욕하고 지독한 냄새와 더불어 온통 아수라장이 됩니다.

이때 사람들을 평정(?)해 주는 사람이 용삼 씨였습니다. 젊은 친구지만 노숙자들 사이에서는 한 성격(?) 해서 평정을 잘해줍니다. 저와 용삼 씨는 관계가 좋았습니다. 용삼 씨가 술 한잔 먹고 오면,

"죄송합니다! 목사님! 오늘 술 한잔했습니다. 축복 기도해 주십시오! "
하고 무릎을 꿇습니다.

용삼 씨는 유독 제 말을 잘 따라주었습니다. 그리고 축복의 말을 잘해줍니다.

"목사님 사랑합니다."

"목사님 한 번만 안아 주십시오."

"목사님 축복합니다."

"목사님 건강하십시오."

"목사님 교회 많이 부흥하십시오."

이런 용삼 씨를 사랑하지 않을 수 없겠지요? 그래서 다른 사람보다 더 많이 챙겨(?)주었습니다. 코로나로 몇 년 못 보았는데 보고 싶고 잘 있는지 궁금합니다. 언제든 사택 문을 쾅쾅 두드리며 "목사님 저 용삼입니다. 저 왔습니다."라고 외치던 이 말이 그리워집니다.

노숙자지만 언제나 씩씩하고 정 많았던 용삼 씨가 잘 있는지 궁금합니다. 인생은 관계니까요. 그런데 제가 어떻게 노숙자인 용삼 씨와 친구가 되었을까요. 제가 쇠하지 않았다면 결코 그의 친구가 되지 못했을 것입니다. 내가 흥하고 주님이 쇠하면 진정한 관계는 이루어지지 않습니다. 타인과 진정한 친구 진실한 관계를 만드는 일은 오직 주님이 흥하고 우리 자신이 쇠할 때입니다.

말씀 들여다보기

요 3:22 [그는 흥하고 나는 쇠해야 한다] ○그 뒤에 예수께서 제자들과 함께 유대 지방으로 가셔서, 거기서 그들과 함께 지내시면서 세례를 주셨다.

요 3:23 살렘 근처에 있는 애논에는 물이 많아서, 요한도 거기서 [i]세례를 주었다. 사람들이 나와서 [i]세례를 받았다.

*i 또는 '침례'

요 3:24 그 때는 요한이 아직 옥에 갇히기 전이었다.

요 3:25 요한의 제자들과 [j]어떤 유대 사람 사이에 정결예법을 두고 논쟁이 벌어졌다.

*j 다른 고대 사본들에는 '유대 사람들'

요 3:26 요한의 제자들이 요한에게 와서 말하였다. "랍비님, 보십시오. 요단 강 건너편에서 선생님과 함께 계시던 분 곧 선생님께서 증언하신 그분이 [i]세례를 주고 있는데, 사람들이 모두 그분에게로 모여듭니다."

*i 또는 '침례'

요 3:27 요한이 대답하였다. "하늘이 주시지 않으면, 사람은 아무것도 받을 수 없다.

요 3:28 너희야말로 내가 말한 바 '나는 [k]그리스도가 아니고, 그분보다 앞서서 보내심을 받은 사람이다' 한 말을 증언할 사람들이다.

*k 또는 '메시아'. 그리스어 그리스도와 히브리어 메시아는 둘 다 '기름 부음 받은 이'를 뜻함

요 3:29 신부를 차지하는 사람은 신랑이다. 신랑의 친구는 신랑
이 오는 소리를 들으려고 서 있다가, 신랑의 음성을 들으
면 크게 기뻐한다. 나는 이런 기쁨으로 가득 차 있다.
요 3:30 그는 흥하여야 하고, 나는 쇠하여야 한다."[1]

*1 해석자에 따라 36절에서 인용을 끝내기도 함

28

사도 요한 – "자기희생"과 관계 맺음

사도 요한의 뜻은 '하나님은 은혜로우시다'입니다

하나님은 모든 사람을 사랑하십니다. 그러나 특별히 더 사랑하는 사람들이 있습니다.

예수님은 열두 제자와 다른 모든 사람을 사랑하셨습니다. 그런데 예수님은 베드로와 야고보와 요한을 더 사랑하셨고, 이 셋 중에 가장 사랑하시는 제자는 단연 요한이었습니다.

왜 예수님이 요한을 최고로 사랑하셨는지 그 이유는 정확히 알 수 없습니다. 그래도 그럴만한 이유가 있겠고, 이유가 없어도 더 사랑하고 더 애정이 특별히 가는 사람이 있음을 우리는 살면서 경험합니다. 더 사랑한다는 것은 더 관계가 깊다고 말할 수 있습니다. 그리고 가장 믿을 만한 사람에게 무엇인가 중요한 부탁이나 임무를 맡기는 것입니다.

예수님이 십자가에 못 박히실 때 사람들 속에 예수님의 어머니 마리아와 여인들과 요한이 끼어 있었습니다. 예수님은 죽어 가면서 자신을 고통스러운 연민으로 바라보는 어머니 마리아를 걱정하셨습니다. 그래서 예수님은 요한에게 마지막 부탁을 하십니다. "보라 네 어머니다, 부탁한다"(요19:27). 그때로부터 요한은 마리아가 죽을 때까지 자신의 어머니로서 관계를 맺습니다. 그리고 마리아가 죽을 때까지 오직 마리아를 공양하는 일에 전념을 다 합니다.

이 기간에 다른 제자들은 이름을 날리고 있었습니다. 베드로, 야고보……. 하다못해 제자 그룹도 아닌 바울조차도 복음을 위해 그렇게 쓰임 받고 명성을 크게 얻을 때도 요한은 묵묵히 마리아를 모시는 데 전념합니다. 때론 얼마나 자괴감이 들었겠습니까? 나의 사역이 나이 많은 마리아를 모시는 것이라니…….

그러나 그는 이런 생각을 하지 않고 마리아가 죽을 때까지 공양하고 평생 기도의 사람으로 살았습니다. 얼마나 기도의 생활을 많이 했던지 전설에 의하면 그의 무릎은 낙타 무릎이 되었다고 합니다.

결국, 밧모섬에 유배되어 갔지만, 주님은 그에게 세상의 마지막 날을 계시해 주면서 그를 사용하셨습니다. 베드로나 바울처럼 위대하고 큰 사역을 하여야만 하나님과의 관계가 깊어지는 것은 아닙니다. 주님이 나에게 맡겨 주시는 그 일이 가장 큰 것입니다.

저는 이 이야기에 큰 위로를 받았습니다. 개척하고 정말 힘들고 회의가 찾아올 때가 많았습니다. 나의 사역은 왜 이렇게 작은 것인가? 나의 사역의 열매는 왜 이렇게 없는 것일까? 때론 밀물처럼 성도가 들어왔다가, 이런저런 이유로 썰물처럼 빠져나가는 모습 속에서 절망을 느꼈습니다. 인간은 학습이 되는 존재가 맞는 것 같습니다. 이렇게 몇 번을 경험하니까 이제는 항체가 생기더라고요.

그냥 다 내려놓고 목회합니다. 저 자신에게 많은 설명과 설득을 하면서 버티고 견디어 온 것 같습니다. 그런데 요즘은 이 요한의 사역이 제게 힘이 됩니다. 어쩌면 하나님의 격려와 위로였습니다. 제게 맡겨 주신 성도 한 사람 한 사람이 바로 주님이 요한에게 맡겨 주시며 부탁하신 어머니 마리아라고요. 일찍이 주님이 말씀하셨습니다. “한 영혼이 천하보다 귀하다”(눅15:3-7) “작은 일에 충성하는 자가 큰 자”(눅16:10)라고 하십니다.

죄송합니다. 주님! 이렇게 간단한 진리를 못 깨닫고 주님 마음 아프게 해서요. 주님 한 분으로 만족하길 원합니다. 주님 맡겨 주신 마리아 한 분으로 만족하며 죽는 날까지 충성하게 해 주십시오!

예수님을 믿는 비용

어떤 목사님이 시골에서 목회하는데 동네의 한 분이 전도해도 예수를 안 믿더랍니다. 왜 그러느냐고 그랬더니 예수를 믿으면 비용이 들기 때문에 비용이 아까워서 교회를 안 가겠다는 것입니다. 그런데 어느 날 이분이 목사님을 찾아왔습니다.

"목사님 예수님을 믿으려고 하면 비용이 얼마나 듭니까?"

그래서 목사님이 장난기 섞인 목소리로

"담뱃값 정도 듭니다."

라고 말했습니다.

"거 비용 얼마 안 드네요."

하면서 예수님을 믿기로 했습니다.

그리고 담배를 뚝 끊고 담뱃값을 주일마다 헌금하더랍니다. 얼마 후 세례를 받으라고 했더니 안 받더랍니다. 왜 그러냐고 물었더니 세례받으면 십일조를 해야 하는데 그러면 예수 믿는 비용이 갑자기 비싸져서 안 된다는 겁니다. 그런데 어느 날 찾아오더니 묻더랍니다.

"목사님 십일조를 하는데 농사비용을 빼고 십일조를 합니까? 아니면 수확의 십일조를 합니까?"

"믿음대로 하는 겁니다! 농사비용을 빼고 하거나 그냥 수확의 십일조를 하거나 둘 다 하나님이 기뻐하시는 십일조입니다."

"그 비용 빼고 나면 얼마 안 남는데요."

그러더니 쌀 한 가마니 십일조하고 그다음에 세례를 받더랍니다. 그 다음 해 농사지은 십일조로 쌀 일곱 가마니를 가지고 왔더랍니다.

"아니 왜 이렇게 많이 가지고 왔습니까?"

"내가 하나님의 은혜를 받고 나니, 이제 싸구려로 예수를 믿지 않기로 했습니다. 비싸게 믿기로 했습니다."

돈 얘기를 하는 것이 아닙니다. 많은 헌금을 하면 비싸게 믿는 것이라고 말하는 것이 아닙니다. 하나님을 가장 가치 있고 자신을 가치 있게 믿으라는 것입니다.

싸구려 신앙이 되지 말라는 것입니다. 비싸게 믿으시기 바랍니다. 누가 나를 싸구려 취급하면 어떤 기분이 듭니까? 하나님이 나를 싸구려 취급하시면요. 나는 하나님을 싸구려 취급하면서 내가 하나님께 비싼 취급을 받으려고 하면 안 됩니다. 하나님이 우리를 싸구려 취급하실까 두렵습니다.

하나님께 귀하고 비싸게 취급받는 사람이 되시기 바랍니다. 그리고 교회도 비싸게 취급받는 교회가 되시기 바랍니다.[1)]

이 이야기를 읽고 어떤 생각이 드십니까?

나는 하나님을 가장 귀하게 여기십니까?

나는 하나님과의 '관계'가 부동의 1번입니까?

종교란에 '기독교'라고 써넣는 종교인에 불과한 것은 아닙니까?

하나님과 '찐한' 관계가 있는 하나님의 사람이 되시기 바랍니다.

---

1) 류영모, 꿈대로 되는 교회(서울: 나침판, 1999).

말씀 들여다보기

요 19:25 그런데 예수의 십자가 곁에는 예수의 어머니와 이모와 글로바의 아내 마리아와 막달라 사람 마리아가 서 있었다.

요 19:26 예수께서는 자기 어머니와 그 곁에 서 있는 사랑하는 제자를 보시고, 어머니에게 "어머니, 이 사람이 어머니의 아들입니다" 하고 말씀하시고,

요 19:27 그 다음에 제자에게는 "자, 이분이 네 어머니시다" 하고 말씀하셨다. 그 때부터 그 제자는 그를 자기 집으로 모셨다.

29

바울 - "현재의 그리스도"와 관계 맺음

바울의 뜻은 '작다'입니다

바울에게 있어서 중요한 것은 현재의 그리스도였습니다. 그 이유가 여러 가지 있겠지만 가장 큰 이유는 그가 역사적 예수님을 한 번이라도 보거나 만나지 못했기 때문일 것입니다. 오히려 예수님을 믿는 자들을 박멸하려고 다메섹에 가다가 부활하신 예수님을 만나서 회심한 사실이 바울의 신앙과 신학에 큰 영향을 주었을 것입니다.

우리는 바울의 서신에 예수님이 물 위를 걸으신 이야기, 삭개오 회심 이야기, 나사로를 살리신 이야기가 없고 복음서의 내용이 일절 언급되지 않은 것에 주목할 필요가 있습니다.

왜냐하면, 우리가 간과하는 부분이 역사적인 예수님에 매달리다가 현재에 나와 함께 하시는 그리스도에 관심을 가지지 못할 때가 많기 때문입니다. 쉽게 말해 성경책에 갇혀있는 예수님만 이야기하지 오늘도 우리 가운데 살아계셔서 역사하시는 예수님을 간과할 때가 많다는 말입니다. 우리의 신앙은 대부분 정적일 뿐 동적이지 못합니다.

예수님은 우리에게 "세상 끝날까지 우리와 함께하시겠다"(마 28:20)라고 말씀하셨습니다. 복음서의 말씀이 중요하지만 우리는 너무나 역사적인 예수님만 강조해서 지금 우리 가운데 계시는 예수님의 방문을 거의 무시하며 살아가는 형국입니다. 주님은 "볼지어다 내가 문밖에 서서 문을 두드리노니 누구든지 내 음성을 듣고 문을 열면 내가 들어가 나는 그로 더불어 먹고 너희는 나로 더불어 먹으리라"(계3:20)라고 말씀하십니다.

바울이 로마 군인들에게 호송되어 로마까지 배를 타고 갈 때 그 배에는 276명이 타고 있었는데 그만 심한 풍랑을 만나 배가 좌초되고 모든 사람이 생명을 잃을 위기에 처했습니다. 거기에 있는 모든 사람이 살 가망을 잃었습니다. 그때 바울이 성경 말씀을 펴 들고 사람들을 안심시키지 않았습니다. 그는 하늘의 하나님과 매일 어디서든지 교신하고 있었습니다. 그래서 그는 말합니다.

"바로 지난밤에, 나의 주님이시요, 내가 섬기는 분이신 하나님의 천사가 내 곁에 서서 '바울아, 두려워하지 말아라. 너는 반드시 황제 앞에 서야 한다. 보아라, 하나님께서는 너와 함께 타고 가는 모든 사람의 안전을 너에게 맡겨 주셨다'라고 말씀하셨습니다. 그러므로 여러분, 힘을 내십시오. 나는 하나님께서 나

에게 말씀하신 그대로 되리라고 믿습니다."(행27:23-25)
이렇게 바울은 부활하신 현재의 그리스도를 경험하고 말하고 전했습니다.

우리는 어떻습니까? 정말 현재의 그리스도와 연합하고 통화하며 살아갑니까? 아니면 성경 속에 갇혀있는 정적인 그리스도만 말하고 살아갑니까?[1].

전 요즘 행복합니다. 성도가 많아지고 부흥해서가 아닙니다. 매일 매일 주님의 은혜가 아니면 살아갈 수 없습니다. 그런데, 이전보다 더 행복한 것은 모든 것을 주님께 맡기고 살아가는 덕분입니다. 뭐 기본 가지고 그러느냐고 하시는 분도 있을 것입니다. 그러나 예전에는 말로만 맡기고 살았지 늘 근심 속에 살았습니다. 어쩌면 근심하는 것이 목회를 염려하고 잘하는 것으로 생각했는지도 모릅니다. 그리고 또 한 가지 주님을 마음에 모시고 주님과 연합하며 주님의 목소리를 청종하며 사니 행복합니다. 범사에 감사합니다.

주님과 연합해서 사니 솔직히 불편한 점도 있습니다. 주님은 저에게 자꾸 이렇게 하라! 저렇게 하라! 일러 주시는데 다 실행하며 살아가기가 어렵습니다. 예를 들면, 주님은 "이 사람과 저 사람이 불편한 관계에 있는데 그 관계를 네가 중재해라" 하십니다. 그런데, 그렇게 하다 보면 오해도 살 수 있고 시간을 많이 빼앗길 수 있고 그래서 그렇습니다. 그래서 관계에 관한 책을

1) 후안 까롤로스 오르띠즈, 주님과 동행 하십니까(출판: 바울, 1990).

써야겠다고 결심하게 되었습니다.

목회를 이만큼 하고 또 주님의 뜻을 종합해 보면 '관계'였기 때문입니다.

하나님과의 관계

동역자와의 관계

목회자와의 관계

성도와의 관계

아내와 자식과의 관계

동료와의 관계

공동체와의 관계…… 등

수 없는 관계가 바로 인생이고 목회이고, 하나님을 믿는 것이었습니다. 이 관계가 사랑을 실천하고 선교 사명을 실천하는 밑거름이 된다는 사실을 주님이 늘 깨우쳐 주시기 때문입니다.

모두 다 관계에 성공하여 승리하시는 인생과 신앙생활 되시길 축복합니다.

지하철 1호선을 탔습니다

이른 아침 인천행이어서 자리가 많더군요. 자리에 앉아있는데 신도림쯤에서 어떤 아저씨가 가방을 들고 탔습니다. 왠지 분위기가 심상치 않더군요. 아저씨는 가방을 내려놓고 헛기침을 몇 번 하더니, 손잡이를 양손으로 잡고 일장 연설을 시작했습니다. 이제부터 그 아저씨가 한 말을 아저씨의 억양과 말투 그대로 옮겨 보겠습니다.

"자, 여러분 안~녕하십니까? 제가 여러분 앞에 나선 이유는, 가시는 걸음에 좋은 물건 하나 소개해 드리고자 이렇게 나섰습니다. 그럼 물건을 직접 보여 드리겠습니다.

자 플라스틱 머리에 솔이 달려 있습니다. 대체 이것이 무엇이겠습니까? 예, 칫~솔입니다. 왜 이걸 가지고 나왔겠습니까? 물론 팔려고 나왔십니다.

한 개에 200원씩 다섯 개 묶여 있십니다. 얼마이겠십니까? 천~원입니다.

뒷면 돌려 보겠십니다. 영어가 적혀 있십니다. 메이드 인 코리아 이게 무슨 뜻이겠십니까? 수출했다는 겁니다. 수출이 잘 됐겠십니까? 폭삭 망~했십니다.

그래서 들고 나왔십니다~ 자~ 그럼 여러분에게 한 묶음씩 돌려 보겠십니다"

그리고 아저씨는 칫솔을 한 묶음씩 사람들에게 돌리더군요. 사람들은 너무 황당해서 웃지도 않더군요. 칫솔 묶음을 다 돌린 아저씨가 다시 입을 열었습니다.

"자 여러분! 여기서 제가 몇 묶음이나 팔 수 있겠십니까? 여러분도 궁금하십니까? 저는 더 궁금합니다. 잠시 후에 결과를 알려 드리겠습니다"

저 역시 과연 칫솔이 몇 묶음이나 팔렸는지 궁금했습니다. 결국, 칫솔은 네 묶음이 팔렸고, 아저씨는 다음과 같이 마무리를 지었습니다.

"자 여러분! 칫솔 네 묶음 팔았쉽니다. 총 매상이 얼마이겠쉽나까? 칫솔 다섯 개짜리 네 묶음 매상이 겨우 4,000원입니다. 제가 실망했겠쉽니까, 안 했겠쉽니까? 물론 실~망했쉽니다. 그렇다고 제가 여기서 포기하겠쉽니까? 절대로 포기하지 않쉽니다. 저는 다음 칸으로 갑니다!"[2]

지하철 칫솔장사도 절대 포기하지 않고 희망을 품고 다음 칸으로 간다고 합니다. 우리는 전지하시고, 전능하시고, 사랑이 한없으신 하나님이 우리의 아버지이십니다. 인생의 다음 칸을 믿음, 소망, 사랑으로 나아가시는 여러분에게 관계의 은총이 충만하시길 축복합니다.

---

2) 돌아다니는 글 인용.

말씀 들여다보기

행 27:21 ○사람들은 오랫동안 아무것도 먹지 못하고 있었다. 그 때 바울이 이렇게 말하였다. "여러분, 여러분은 내 말을 듣고, 크레타에서 출항하지 않았어야 했습니다. 그랬으면, 이런 재난과 손실은 당하지 않았을 것입니다.

행 27:22 그러나 이제 나는 여러분에게 권합니다. 기운을 내십시오. 이 배만 잃을 뿐, 여러분 가운데 한 사람도 목숨을 잃지는 않을 것입니다.

행 27:23 바로 지난밤에, 나의 주님이시오. 내가 섬기는 분이신 하나님의 천사가, 내 곁에 서서

행 27:24 '바울아, 두려워하지 말아라. 너는 반드시 황제 앞에 서야 한다. 보아라, 하나님께서는 너와 함께 타고 가는 모든 사람의 안전을 너에게 맡겨 주셨다' 하고 말씀하셨습니다.

행 27:25 그러므로 여러분, 힘을 내십시오. 나는 하나님께서 나에게 말씀하신 그대로 되리라고 믿습니다."

에필로그

세상에서 가장 어렵고 힘든 것은 무엇일까요? 사람마다 다 다르겠지만 '관계'가 아닌가 싶습니다. 사람이 살아가는 한 어떤 유형으로든 관계를 맺으며 살아가야 하기 때문입니다. 대부분 좋은 관계를 만들고 유지하고 싶은 바람은 있지만, 인간의 얼굴만큼이나 개성이 다 다르고 성향이 다 다르니 '관계'만큼 가장 힘들고 유지비용도 많이 드는 것도 없습니다.

어찌 되었든, 인생은 관계로 돌아가는 것이 틀림없어 보입니다. 모든 관계는 한 번쯤 실망을 부르게 마련입니다. 이때 실망의 수용, 갈등의 수용을 감수해야 합니다. 그리고 반복을 통해 관계가 깊어집니다. 이러한 일은 쉽지 않습니다. 그래서 가장 쉬운 방법을 택합니다. 싫으면 그만 관계를 끊습니다.

기도의 성자 E.M. 바운즈는 하나님은 기도를 통해서 일하신다고 단언합니다. 기도가 하나님을 움직이고, 천사를 움직이고, 사람을 움직인다고 말하는 이면에는 관계가 있다는 갈입니다. 그러니 하나님은 기도를 통해 모든 관계를 작동하여 일하시는 셈입니다. 하나님은 사람을 통해 일하십니다.

목회를 30년 하고 이 나이가 되어 보니 신앙은, 믿음은, 하나님을 믿는 것은 '관계'라는 것을 깨달았습니다. 깨달았다는 말은 이제까지 관계의 중요성을 인지적으로 몰랐다는 말이 아닙니다. 이제야 비로소 관계의 삶을 지향하며 노력하게 되었다는 말입니다.

국제 질서와 평화에도 평화 유지비가 필요하듯이 관계에도 비용이 필요합니다. 하나님은 하나님과 우리와의 관계를 회복시키시기 위해 가장 비싼 비용을 지불하셨습니다. 자신의 독생자를 십자가에 내놓으셔야 했습니다.

예수님이 가장 중요하게 열거하신 것은 '관계'입니다. 왜냐하면, 신앙은 관계이기 때문입니다. 관계없는 믿음과 신앙은 존재할 수 없습니다.

레너드 스윗은 "복음이란 죄에서 구원받는 것 이상입니다. 기쁜 소식이란 우리가 하나님의 삶에 편입되는 것입니다. 우리를 그리스도와 함께 살리신 것은 새 생명 가운데 행하게 하고 새로운 관계의 차원으로 끌어 올리시기 위함입니다"라고 말합니다.

고대 세계에서 믿음은 신학적 신조에 동의한다는 뜻이 아니라 관계 속에서 산다는 뜻이었다고 말합니다. 하나님을 믿는 믿음은 당신의 전 존재와 당신 주변의 모든 것을 망라하는 관계입니다. 믿음이란 하나님과 살아 있는 만남이요 진실한 관계입니다.

또한, 믿음이란 학습해야 할 신념을 넘어 살아 내야 할 '결속' 입니다. 예수님은 우리가 하나님과 타인들 그리고 세상과 새로운 종류의 관계를 맺을 수 있게 하시려고 오셨습니다.[1]

하나님은 우리와 사귐을 위해 우리를 창조하셨습니다. 사귐은 관계를 토대로 합니다. 예수님이 하나님을 사랑하고 이웃을 사랑하는 것이 모든 계명의 요약이라고 말씀하신 것은 하나님과 이웃을 사랑으로 관계 맺으라는 것입니다.

사람은 누구나 관계 속에 살아갑니다. 태어나자마자 부모와의 관계 속에 살아가고, 사는 동안에도 다양한 관계 속에 살다가 죽을 때도 다른 사람이 장례를 치러주는 관계 속에 죽어갑니다. 태어나서 홀로 자라는 자도 없고, 죽었을 때 스스로 장례를 치르며 죽는 자도 없습니다.

하나님은 공동체의 관계 속에 계십니다. 삼위일체이신 하나님은 성부와 성자와 성령으로 서로 관계를 합니다. 삼위 하나님은 우리를 그 관계의 공동체에 불러들이십니다. 하나님과의 관계, 이웃과의 관계, 자신과의 관계, 다른 피조물과의 관계로 불러들이십니다. 이 관계가 끊어지면 소외를 낳습니다.

어떤 사람은 하나님과만 관계를 맺으면 다 되는 것으로 생각합니다. 어떤 사람은 사람과의 인간적 관계만 맺으려 합니다. 어떤 이는 오직 자신의 '홀로'를 즐깁니다.

마틴 부버의 말대로 '너'가 없는 '나'는 존재할 수 없습니다. 사랑의 다른 이름은 관계입니다. 사랑은 '홀로'가 아니라, '너'

1) 레너드 스윗, 관계의 영성(IVP, 2019).

가 있어야 존재합니다.

신앙생활을 잘하려면 네 가지를 잘해야 합니다. 하나님과의 관계, 목회자와의 관계, 성도와의 관계, 공동체(타자)와의 관계입니다.

하나님과 관계가 잘못되면 신앙적 회의가 찾아옵니다. 목회자와의 관계가 잘못되면 설교가 들어오지 않습니다. 다른 성도와의 관계가 틀어지면 교회 공동체에 나오기가 싫습니다. 세상의 타인들과 관계가 잘못되면 자신이 고립되고 선교가 막힙니다. 결국, 인생도 신앙도 관계입니다.

인간은 현실 속에 살고 현실 속에 살 수밖에 없습니다. 관계에 뿌리내리지 못한 영성은 곧 시들어 죽기 마련입니다. 진정한 영성은 관계에 뿌리를 둔 영성입니다.

유진 피터슨이 다윗을 현실에 뿌리박은 영성가라고 강조했듯이 현실에 직면하며 살아가는 우리는 관계를 떠나서는 살 수가 없습니다. 신앙생활도 관계가 없으면 설명 불가능합니다.

성경은 하나님과 인간의 관계 이야기입니다. 하나님은 관계를 중요시하시고 관계를 통해 일을 이루어 나가십니다.

2천 년 전 예수님 앞에 어떤 율법 교사가 나타났습니다. 물론 이 율법 교사에게 가장 중요한 것은 율법을 지키는 것이었습니다. 아시듯이 유대인들의 율법을 세부 사항으로 들어가면 613가지가 됩니다. 이 율법사는 이 많은 율법 가운데 가장 중요한 것이 무엇인가를 선명하게 알고 싶었습니다. 그래서 모든 율법 중 어느 계명이 가장 중요하냐고 예수님께 물었습니다. 이 물음에 예수님은 어떤 망설임도 없이 성경 전체를 하나로 간단히 요약해 주셨습니다.

"첫째는 하나님 사랑이고, 둘째는 이웃사랑이다."(마22:37-39)

그러면 가장 중요한 것은 사랑인데 이 사랑은 순서가 필요합니다. 주님도 첫 번째가 하나님 사랑, 둘째가 이웃사랑이라고 하셨습니다.

존 스토트는 죄란 하나님을 가장 먼저 사랑하고 이웃을 그다음에 가장 끝머리에 자신을 사랑해야 하는데 죄는 이것을 거꾸로 돌려놓았다고 합니다. 곧 자기 사랑을 먼저, 그다음 다른 사람을 사랑하는 것이 둘째요, 세 번째 하나님 사랑을 마지막에 놓는 것이 죄라고 말합니다. 관계의 중요 순서를 말하는 것입니다.

존 스토트는 또한 인간관계를 골로새서 3장을 통해 바울의 인간관계에 대한 두 가지의 원리로 제시합니다. 한 가지 원리는 내가 그리스도인이라면 다른 사람을 대할 때 예수 그리스도로서 대하는 것입니다.

"무엇을 하든지 말이나 일에나 다 주 예수의 이름으로 하고"(골3:17).

내가 다른 사람을 대할 때 모든 일에 주 예수 이름으로 하라는 말입니다. 어떤 사람의 이름으로 한다는 것은 대리인으로 한다는 것입니다. 이 말은 자기가 모든 일을 예수 그리스도처럼 그 일을 하는 것입니다. 예수님의 긍휼, 자비, 사랑, 관용, 용서 등 말입니다.

다른 하나는 다른 사람을 그리스도처럼 대하는 것입니다.

"무슨 일을 하든지 마음을 다하여 주께 하듯 하고 사람에게 하듯 하지 말라"(골3:23).

사람을 대할 때 그들이 예수 그리스도인 것처럼 대하는 법을 배워야 한다는 것입니다.[2] 주님께 드리는 친절, 사랑, 공손, 이해함으로 하라는 것입니다. 하나님과의 관계는 구원을, 사람과의 관계는 우리를 성화 속으로 이끕니다.

결국, 관계에 실패하면 모든 것에 실패하고 관계에 성공하면 모든 것에 성공한다고 말할 수 있습니다. 하나님에 대한 영성도 관계를 통해 만들어지고 관계 속에서 만들어지지 않는 어떤 영성도 참된 영성이라고 말할 수 없습니다.

하나님이 관계를 중요시하고 서로 관계를 잘하라고 하신 것은 우리에게 관계가 축복이 되기 때문입니다. 모든 관계가 축복이 될 수는 없습니다. 그러나 주님은 우리에게 모든 관계를 축복으로 만들라고 하셨습니다. 하나님이 말씀하셨기에 하나님과 관계를 깊이 한 영성이라면 반드시 모든 사람과의 관계를 축복으로 만들어 낼 수 있을 것입니다. 이것이 바로 신앙의 실력이요, 형통이요, 장차 받을 축복입니다.

이 책은 성경 속의 인물을 통해 관계의 영성을 함께 보고, 제목회의 여정을 반추하며 함께 배우고 함께 걸어가고자 쓰였습니다. 이 책을 통해 관계에 뿌리박은 영성이 회복되고 형성되어

---

2) 존 스토트, 존 스토트의 기독교 강요(출판: 비전북, 2023).

주님 닮은 그리스도인들이 되길 원합니다.

바울은 서신의 끝부분에 자신과 아름다운 관계를 맺은 모든 사람을 열거하며 고마움을 표시하고 있습니다. 나이가 드니 가장 인상적인 성경 구절이라고 생각합니다. 여러분을 예수님의 이름으로 사랑하고 축복합니다. 특별히 관계의 축복이 풍성하시길 축복합니다.

참고문헌

1. 기록문화 연구소 인용.
2. 김서택, 부흥의 비결(출판: 솔로몬, 2011).
3. 김요석, 잊혀진 사람들의 마을, p.29-35.
4. 김요석, 잊혀진 사람들의 마을, p.81-88.
5. 김재남, 오늘을 사는 지혜와 사랑(출판: 신망애 출판사, 2002).
6. 곽선희, 내게 말씀을 주소서(출판: 소망, 2001).
7. 레너드 스윗, 관계의 영성(출판: IVP, 2019).
8. 류영모, 꿈대로 되는 교회(출판: 나침판, 1999).
9. 림태주, 관계의 물리학(출판: 웅진 지식 하우스, 2018).
10. 미로슬라브 볼프, 광장에 선 기독교(출판: IVP, 2014).
11. 박영선, 예화와 묵상(출판: 엠마오, 1999).
12. 박헌성, 형통의 믿음을 계승하라(출판: 생명의말씀사, 2006).
13. 박찬석, 나의 아버지 인용.
14. 본회퍼, 나를 따르라(출판: 대한기독교서회, 2010).
15. 빅터 프랭클, 빅터 프랭클(출판: 특별한 서재, 2021).
16. 송용원, 사이에서(출판: IVP, 2022).
17. 아브라함 J 헤셀, 예언자(출판: 삼인 2004).
18. 어느 은퇴 목사 아들의 은퇴 찬하사 인용.
19. 오인숙, 권사님 동네에 일어난 기적(출판: 국민일보 기사, 2014.7.19.).
20. 오 할레스비, 할레스비의 기도(출판: CH 북스).
21. 유진 피터슨, 현실에 뿌리박은 영성(출판: IVP, 1999).
22. 웨인 코대미로, 태도를 바꾸면 성공이 보입니다(출판: 예수전도단, 2003).
23. 진 에드워드, 세 왕 이야기(출판: 예수전도단, 1992).
24. 엔도 슈사쿠, 침묵(출판: 홍성사, 2003).
25. 존 스토트, 새사람(출판: 아바서원, 2011).
26. 존 스토트, 존 스토트의 기독교 강요(출판: 비전북, 2023).
27. 한영제, 가장 긴급한 일(출판: 좋은, 1999).
28. 후안 카를로스 오르띠즈, 우리는 아무렇게나 나뒹굴고 있는 벽돌 더미가 되어서는 안 됩니다(출판: 만나, 1993).
29. 후안 까롤로스 오르띠즈, 주님과 동행하십니까(도서출판: 바울, 1990).

관계의 신앙

신앙의 실력 쌓기

초판 1쇄 발행 2024년 7월 9일

지은이 | 장해진
발행인 | 이강준

발행처 | 도서출판 조명문화사
출판신고 | 1989년 7월 13일 제 2-846호
주소 | 서울특별시 마포구 독막로8길 10, 조현빌딩 2층
전화 | 02-498-3017
e-mail | jm3017@daum.net

ISBN | 978-89-7257-539-9 03230

값| 15,000원